Peloponnes

Peloponnes

Kunst und Kultur

Bilder
Peter Weikenmeier & Michael Fischer

Texte
Siemer Oppermann

tosa

Seite 1: Goldmaske, Mykene,
16. Jahrhundert v. Chr.

Seite 2: Paragia Hodegetriakirche
des Vrontochionklosters in Mistra

Covergestaltung: Peter Udo Pinzer, Eppstein
Druck: Tlačiarne BB s.r.o., Banská Bystrica, Slovakia

www.tosa-verlag.com

Inhalt

1 Bei den Göttern zu Gast – Die Halbinsel und ihre Mythen

Auf der Peloponnes wird griechische Geschichte lebendig. Die südliche Halbinsel Griechenlands wartet nicht nur mit den grandiosen Höhepunkten der klassischen griechischen Kunst auf wie Olympia und Korinth, sondern auch mit den sagenhaften mykenischen Palästen aus vorgeschichtlicher Zeit und byzantinischen Denkmälern wie der Bergstadt Mistra.

Diese Kulturschätze sind eng verbunden mit einer Welt der Mythen und Sagen, die unsere ganze abendländische Kultur geprägt haben. Lassen Sie sich einladen zu einer Reise in ein Land, in dem seit der Antike die Gastfreundschaft unter dem besonderen Schutz der Götter steht.

Keine andere Landschaft Griechenlands ist auf relativ begrenztem Raum so vielfältig und so voller Gegensätze wie die Peloponnes. Atemberaubende Hochgebirgsmassive, die sich – vor allem im Norden – als Steilküsten ins blaue Meer des Golfs von Korinth stürzen oder sich in langen Formationen über die ganze Halbinsel bis in die drei Finger im Süden hinziehen, fruchtbare Täler, baumreiche Hochebenen und Schwemmlandebenen, die durch wasserreiche Flüsse wie den Eurotas, den Alpheios, den Inachos oder den Peneios in ihren Mündungsgebieten geschaffen wurden.

Eine solche Vielfalt an Erlebnis- und Erholungsmöglichkeiten, wie auf der Peloponnes hat Europa auf derart engem Raum kaum ein zweites Mal zu bieten. Der Sonnenhungrige findet Sonne, oft mehr, als er sich wünscht, der Badefreudige idyllische Sandstrände und Steilküsten, der Bergsteiger gewaltige Gebirgsmassive, der Naturfreund liebliche Täler, saubere Quellen und Flüsse, der Segler azurblaues Meer und lauschige Ankerplätze, der Romantiker großartige Sonnenuntergänge, der Kunstinteressierte eindrucksvolle Kirchen, Tempel und Museen, der Mythenfreund all die Stätten, wo die ältesten und beeindruckendsten Mythen und Sagen beheimatet sind, und der Genießer schließlich die wohlschmeckendsten Fisch- und Fleischgerichte mit den dazugehörigen Weinen.

Während Mythen und Sagen anderer Völker oft nicht genau lokalisiert, sondern irgendwo zwischen Himmel und Erde angesiedelt sind, haben die griechischen Mythen ganz konkrete und bis heute noch bekannte Plätze und Ortsbezeichnungen, und die meisten von ihnen liegen auf der Peloponnes: Hier vollbrachte Herakles den Großteil seiner Taten, Mykene legt stummes Zeugnis ab von den schrecklichen Familientragödien um Agamemnon, am Kap Tainaron suchten die Menschen den Kontakt zur Unterwelt und zu den Toten, und natürlich ist auch der Name »Peloponnes« mythischen Ursprungs. Übersetzt heißt er »Insel des Pelops«, und da das altgriechische »nesos« ebenso ein Femininum ist wie das deutsche »Insel«, sollte man »die« Peloponnes sagen und nicht »der«. Im Übrigen ist auch das neugriechische »Peloponnesos« ein Femininum.

Der Isthmus von Korinth. Ursprünglich war die Peloponnes keine Insel, sondern nur eine Halbinsel, da sie mit der schmalen Landenge bei Korinth, dem so genannten Isthmus, mit dem Festland verbunden war. Wirtschaftlich und strategisch war diese Landverbindung von der Antike bis zur Neuzeit eine der wichtigsten Regionen im ganzen Mittelmeergebiet. Über den Golf von Korinth eröffnete sie durch das Ionische Meer und die Adria den Wasserweg nach Westen, während der Saronische Golf die Verbindung nach Athen, zu den Inseln der Ägäis und den Küsten Kleinasiens herstellte. Die zwei Häfen Lechaion im Westen und Kenchreai im Osten, die beide zu Korinth gehörten, vermittelten den Warenumschlag zwischen Ost und West, wenn man vermeiden wollte, die ganze Peloponnes zu umschiffen, was Zeit raubend und gefährlich war, denn das Kap Tainaron im Süden war wegen seiner Strömungen, Klippen und Stürme gefürchtet. Natürlich führte auch der Landweg vom griechischen Festland auf die Peloponnes über diese schmale Landenge. Aufwändige Sperrmauern und Verteidigungswerke von der mykenischen bis in die byzantinische Zeit zeugen von ihrer strategischen Bedeutung.

Um den Warenaustausch zwischen den beiden Meeren zu erleichtern, wurde bereits zu Beginn des sechsten Jahrhunderts v. Chr. unter der Tyrannis des Periandros eine Schleifbahn mit einer Breite von anderthalb Metern gebaut, auf der kleinere Schiffe über den Isthmus transportiert werden konnten. Auf

Eine nächtliche Fahrt durch den Kanal von Korinth

Rollen oder Rädern schleppte man mithilfe von Zugtieren die Schiffe über sechs Kilometer von einem Meer zum anderen. Tiefe Spurrillen auf dieser Bahn, die an mehreren Stellen ausgegraben wurde, belegen diese Transportart. Da dies nur mit kleineren Schiffen möglich war, hat man schon in der Antike Pläne gemacht, den Isthmus zu durchstechen. Julius Caesar (um 44 v. Chr.) war der Erste, der einen Kanal plante. Ihm folgte der römische Kaiser Caligula (um 37 n. Chr.). Doch erst unter dem Kaiser Nero nahmen die Pläne Gestalt an. Umfangreiche Schanzarbeiten und tiefe Schächte, die bis zum Baubeginn des heutigen Kanals sichtbar waren, stammen aus der Zeit Neros, der 67 n. Chr. eigenhändig den ersten symbolischen Spatenstich tat. Dieses Unternehmen, das Nero mithilfe jüdischer Sklaven vollenden wollte, wurde jedoch bereits ein Jahr später wieder eingestellt, denn die Ingenieure kamen mit dem Höhenunterschied und dem Abstützen der Steilwände nicht zurecht, der jüdische Aufstand tat ein Übriges.

Im Jahr 1882 schließlich begann eine französische Gesellschaft mit dem Bau des Kanals, der von einem griechischen Unternehmen elf Jahre später fertiggestellt wurde. Hierbei hielt man sich fast ohne Abweichungen an die antiken Vorarbeiten der Ingenieure Neros. Die Länge des schnurgeraden Kanals beträgt 6,3 Kilometer, die größte Höhe über dem Wasserspiegel 79 Meter. Er ist 22 Meter breit und 8 Meter tief und damit für Schiffe bis 10 000 Tonnen passierbar. Auto- und Eisenbahnbrücken verbinden das Festland mit der zur Insel gewordenen Peloponnes.

Entstehungsmythos. Auch wenn also erst in der Neuzeit durch den Bau des Kanals die Peloponnes zu einer wirklichen Insel geworden ist, so gingen die Menschen seit Entstehung des Namens von der Vorstellung einer Insel aus. Das zeigt uns die mythische Entstehungsgeschichte des Namens.

Pelops war ein Sohn des Tantalos, der als König in Kleinasien ein großes Reich beherrschte. Als Freund der olympischen Götter durfte er sogar mit an deren Tafel essen. Bei einer Gegeneinladung wollte Tantalos die Allwissenheit der Götter prüfen. Er schlachtete seinen Sohn Pelops, kochte ihn und setzte ihn seinen Gästen vor. Die Götter, wohl wissend, auf welche Probe sie gestellt werden sollten, aßen nichts von dem Fleisch. Nur Demeter, die über den Verlust ihrer Tochter Kore zu betrübt war, um klar denken zu können, aß ein Stück von der Schulter des Pelops. Die Götter setzten schließlich die Teile wieder zusammen und erweckten Pelops zu neuem Leben. Das fehlende Stück wurde durch eine Elfenbeinschulter ersetzt.

Tantalos, der auch noch andere Frevel verübt hatte, wurde von Zeus hart bestraft. Die Qualen, die er in der Unterwelt zu erdulden hatte, sind bis heute als Tantalusqualen sprichwörtlich geblieben. Als Odysseus mit der Unterwelt Kontakt aufnimmt, um den blinden Seher Teiresias nach seiner Heimfahrt zu befragen, erblickt er den Tantalos und berichtet von ihm.

Nüchtern beschreibt Odysseus die entsetzliche Strafe des Tantalos:

> **Auch den Tantalos sah ich, mit schweren Qualen belastet.**
> **Mitten im Teiche stand er, das Kinn von der Welle bespült,**
> **lechzte hinab vor Durst und konnte zum Trinken nicht kommen.**
> **Denn sooft sich der Greis hinbückte, die Zunge zu kühlen,**
> **schwand das versiegende Wasser hinweg, und rings um die Füße**
> **zeigte sich schwarzer Sand, getrocknet vom feindlichen Dämon.**
> **Fruchtbare Bäume neigten um seinen Scheitel die Zweige,**
> **voll balsamischer Birnen, Granaten und grünen Oliven**
> **oder voll süßer Feigen und rötlich gesprenkelter Äpfel.**
> **Aber sobald sich der Greis aufreckte, die Früchte zu pflücken,**
> **wirbelte plötzlich der Sturm sie empor zu den schattigen Wolken.**
>
> *(Homer, »Odyssee«, Buch 11, 582–592, übersetzt von J. H. Voss)*

Poseidon, der Bruder des Zeus und Beherrscher der Meere, verliebte sich in den neu entstandenen Knaben und entführte Pelops in den Olymp, eine Knabenentführung, die noch vor der Entführung des Ganymed durch Zeus stattfand. Die Götter entließen Pelops wieder zur Erde, und als er in das Alter gekommen war, »wo der Flaum soeben das dunkle Kinn ihm bedeckte« (Pindar, »Olympien« I, 67), begehrte er, Hippodameia zu heiraten, eine Tochter des Oinomaos, des Königs von Elis. Bislang hatte Oinomaos alle Freier seiner Tochter getötet, weil er aufgrund eines Orakels fürchtete, von einem von ihnen umgebracht zu werden. Daher forderte er die Freier zu einem Wagenrennen heraus, das in Pisa, dem vorgriechischen Olympia, begann und beim Poseidonaltar am Isthmus von Korinth enden sollte. Oinomaos besaß ein sehr schnelles Gespann, das er von seinem Vater, dem Kriegsgott Ares, erhalten hatte. Dieses war schon 13 Freiern zum Verhängnis geworden, denn Oinomaos hatte sie alle eingeholt und mit seiner Lanze durchbohrt. Ihre Köpfe ließ er zur Abschreckung an den Außenmauern seines Palasts aufspießen. Pelops jedoch, der davon wusste, ging nachts an den Strand und bat Poseidon, seinem Schutzgott, um Unterstützung im Kampf um seine Geliebte Hippodameia.

Aus Pelops' Gebet zu Poseidon:

> **Wenn die Gaben der Liebe Dank verdienen,**
> **so gewähre es mir, und halte den ehernen Speer des Oinomaos**
> **fest. Lass mich auf dem schnellsten Gefährt nach Elis**
> **ziehen und schenke mir dort den Sieg …**
>
> *(Pindar, »Olympien« I, 75 ff. Übersetzung von L. Wolde)*

Mit den Rossen des Poseidon ausgerüstet, freite Pelops in Elis um Hippodameia. Bevor die eigentliche Wettfahrt begann, gelang es ihm, den Wagenlenker des Oinomaos, Myrtilos, auf seine Seite zu ziehen. Dieser fand sich bereit, an den Naben des königlichen Gespanns die eisernen Nägel gegen solche aus Wachs auszutauschen. Bei der rasenden Wettfahrt schmolz das Wachs, die Räder vom Wagen des Oinomaos lösten sich, er stürzte und wurde, verwickelt in die Zügel, von seinen Pferden zu Tode geschleift. Pelops und Hippodameia umrundeten mit ihrem Gespann als Zeichen der Besitznahme die ganze Halbinsel, über die er herrschen sollte und die seinen Namen bekam: die Insel des Pelops, die Peloponnes.

Myrtilos verfluchte das Geschlecht der Pelopiden, bevor er von Pelops als Mitwisser getötet wurde. Der Fluch ging jedoch nicht an Pelops selbst, der von Hephaistos entsühnt wurde, in Erfüllung, sondern in schrecklicher Weise an dessen Söhnen Atreus und Thyestes sowie deren Nachkommen in Mykene.

Mythos des Sisyphos. Ein weiterer Mythos, der auf der Peloponnes beheimatet ist, handelt von Sisyphos, auch er einer der großen Büßer in der Unterwelt. Nähert man sich, von Osten aus Richtung Athen kommend, der Pelops-Insel, so sieht man schon von weitem den gewaltigen Felsklotz von Akrokorinth. Bis in die jüngste Vergangenheit hatte dieser Felsen eine strategisch wichtige Funktion, da von dort oben die schmale Landenge, der Isthmus von Korinth, überblickt und überwacht werden konnte. Wer auf Akrokorinth saß, wusste, wer auf dem Landweg die Peloponnes zu betreten oder zu verlassen gedachte.

In mythischer Zeit herrschte hier ein schlauer und verschlagener König mit Namen Sisyphos. Von hier oben beobachtete er einst, wie sich der Göttervater Zeus mit Ägina, der Tochter des Flussgottes Asopos, die er geraubt hatte, vorbeischlich, um sich auf der Insel Oinone, der »Weininsel«, die später den Namen Ägina erhielt, heimlich zu vermählen. Der unglückliche Flussgott Asopos, der seine Tochter suchte, kam auch zu Sisyphos. Dieser rückte aber erst mit seinem Wissen heraus, als Asopos oben auf Akrokorinth als Gegenleistung eine Quelle entspringen ließ. Doch der Preis des Verrats war hoch, denn er zog sich damit den schrecklichen Zorn des Zeus zu. Dieser schickte ihm Thanatos, den Tod. Doch auch er wurde von Sisyphos rechtzeitig erspäht und durch eine List in Fesseln gelegt. Von da ab konnte niemand mehr sterben, bis der Kriegsgott Ares den Tod von den Fesseln befreite und ihm Sisyphos übergab. Sogar in dieser ausweglos erscheinenden Situation wusste jener noch Rat. Er befahl seiner Frau Merope, den Unterweltsgöttern keine Opfer mehr darzubringen. Als diese sich unten im Hades über das Ausbleiben der Opfer wunderten, erbot sich Sisyphos, zur Oberwelt hinaufzusteigen und dafür zu sorgen, dass den Göttern wieder geopfert würde. Sisyphos verließ den Hades mit der festen Absicht, nicht mehr dorthin zurückzukehren, und entrann dem Tod auf diese Weise ein zweites Mal.

Diese Frevel sollte er später – ebenso wie Tantalos – im Hades furchtbar büßen. Er musste einen gewaltigen Fels den Berg hinaufschleppen, der ihm kurz vor dem Gipfel jedes Mal den Händen entglitt und wieder zu Tale rollte. Auch ihn beschreibt Odysseus.

Odysseus schildert die Strafe des Sisyphos:

> **Auch den Sisyphos sah ich, von schrecklicher Mühe gefoltert,**
> **einen schweren Marmor mit großer Gewalt fortheben.**
> **Stemmend arbeitete er stark mit Händen und Füßen,**
> **ihn von der Au aufwälzend zum Berge. Doch glaubt' er ihn jetzt**
> **auf den Gipfel zu drehn, da mit einmal stürzte die Last um.**
> **Hurtig mit Donnergepolter entrollte der tückische Marmor,**
> **und von vorn arbeitete er, angespannt, dass der Angstschweiß**
> **seinen Gliedern entfloss und Staub sein Antlitz umwölbte.**
>
> *(Homer, »Odyssee«, Buch 11, 593–600, übersetzt von J.H. Voss)*

Aber noch war es nicht so weit. Oberhalb von Delphi auf dem Parnass mit seinen dichten Wäldern, Hochebenen und Höhlen herrschte zu jener Zeit Autolykos, ein Sohn des Götterboten Hermes. Dieser war ein Meisterdieb und Erzgauner, denn er hatte von seinem Vater die Begabung zum Stehlen und zum Meineid geerbt. Er konnte weiße Tiere, die er gestohlen hatte, in schwarze verwandeln und umgekehrt, den gehörnten nahm er die Hörner ab und setzte sie den ungehörnten Tieren auf.

Auch die Rinderherden des Sisyphos waren vor diesem Meister seines Faches nicht sicher. Er musste voller Kummer feststellen, dass seine Herden immer kleiner wurden. Da ersann er eine List. Er ritzte Buchstaben in die Hufe seiner Rinder und goss sie mit Blei aus. Ihre Spur auf dem Boden ergab den Satz: Autolykos stahl mich! Damit war der Dieb überführt, und kein Meineid nützte ihm. Doch man irrt, wenn man glaubt, Sisyphos sei nun zu einer Strafexpedition aufgebrochen. Im Gegenteil, die beiden Erzgauner schlossen Freundschaft, und Sisyphos wurde in den Palast des Autolykos eingeladen. Hier schlich er sich nach einem ausgiebigen Gelage des Nachts in die Kammer der Tochter seines Gastfreunds. Das Ergebnis dieses nächtlichen Besuches bei Antikleia sollte das Kind Odysseus werden, der die Schläue seines mythischen Vaters und Großvaters in sich vereinigte. Als Laertes um die Hand der Antikleia anhielt, verheimlichte ihm Autolykos nicht, dass sie von Sisyphos ein Kind erwarte, was aber kein Hinderungsgrund für Laertes war, Antikleia zu heiraten und damit auch der offizielle Vater des Odysseus zu werden.In hohem Alter starb Sisyphos. Er wurde auf dem Isthmus von Korinth beigesetzt und dort in einem Heiligtum als Heros verehrt.

Taten des Herakles. Der wohl bekannteste griechische Held und Heros war Herakles, den die Römer später Hercules nannten. Als Sohn des Zeus und der Alkmene mordete er im Wahnsinn seine Kinder und musste zur Sühne im Auftrag des mykenischen Königs Eurystheus zwölf schwierige Taten vollbringen, die er bravourös meisterte. Dadurch befreite er die Menschen von schrecklichen Ungeheuern und half den Göttern im Kampf gegen die Giganten. Zum Lohn wurde er nach seinem Tod auf Fürbitte der Göttin Athena in den Olymp, den griechischen Götterhimmel, aufgenommen, und ihm wurde Unsterblichkeit verliehen. So ist er bis zum heutigen Tage lebendig geblieben, auch wenn es nur in den Gedanken der Menschen ist und in den vielen Orten auf der Peloponnes, die heute noch zu besichtigen sind. Allein sieben seiner zwölf großen Taten, die man auf den Metopen des Zeustempels von Olympia dargestellt hat, haben als Schauplatz die Peloponnes.

Oben: Das auch heute noch schwer zugängliche und wilde Erymanthos-Gebirge bot einst jenem Eber Zuflucht, der sich vor Herakles verstecken wollte. Doch auch die Unzugänglichkeit dieser Bergwelt nützte ihm nichts. Herakles trieb ihn in den Schnee der Gipfelregion, fing ihn und brachte ihn lebend nach Mykene.

Unten: Herakles bringt den dreiköpfigen Unterweltshund Kerberos seinem Auftraggeber Eurytheus, der sich vor lauter Angst in einem ehernen Fass zu verstecken sucht. Caeretaner Hydria um 520 v. Chr., Paris, Louvre.

Der Nemeische Löwe: Zwischen Korinth und Argos liegt der Ort Nemea. Hier tötete Herakles den berühmten Löwen. Er musste ihn erwürgen, da sein Fell von Pfeilen oder vom Schwert nicht durchbohrt werden konnte. Nach dieser Tat trägt Herakles das Löwenfell als ständiges Attribut.

Die neunköpfige Hydra: Etwas südlich von Argos entspringt in einem Sumpfgebiet direkt am Meer die Quelle von Lerna. In ihr hauste die vielköpfige Hydra, eine Wasserschlange, die dort einen Eingang in die Unterwelt bewachte. Herakles tötete die Schlange, indem er ihre Köpfe abschlug, die aber zunächst immer wieder nachwuchsen, bis sein Neffe Iolaos die Halsstümpfe mit glühenden Baumstämmen ausbrannte. In das Blut der Schlange tauchte Herakles seine Pfeile, die mit diesem Gift zu todbringenden Geschossen wurden – auch bei kleinsten Verletzungen. Die Quelle von Lerna gibt es heute noch. Sie versorgt, zusammen mit weiteren Karstquellen, die Argolis mit dem lebensnotwendigen Wasser.

Die Arkadische Hirschkuh: Im Keryneia-Gebirge zwischen Argos und der Hochebene fing Herakles auf Befehl seines Auftraggebers Eurystheus nach einjähriger Verfolgungsjagd eine Hirschkuh. Da die Hindin ein der Artemis heiliges Tier war, entließ er es wieder in die Freiheit und brachte nur das goldene Geweih nach Mykene.

Der Erymanthische Eber: Südlich der Hafenstadt Patras erhebt sich das wilde und bis heute unzugängliche Erymanthos-Gebirge. Hier fing Herakles einen wilden Eber, der die Felder der Bauern verwüstet hatte. Er brachte ihn nach Mykene und opferte ihn dort.

Die Stymphalischen Vögel: Nördlich von Argos liegt der Stymphalische See wo große Vögel hausten, die ihre Federn wie Pfeile abschossen. Mithilfe von Klappern, die ihm Athena gab, tötete Herakles viele Vögel mit seinen Giftpfeilen. Die übrigen verließen die Gegend um den See.

Der Stall des Augias: In Elis, im Nordwesten der Peloponnes, lebte der König Augias. Mit dem Mist seiner riesigen Rinderherde verpestete und vergiftete er das umliegende Land. Herakles leitete zwei Flüsse, den Alpheios und den Peneios – beide Flüsse sind noch heute mit ihrem Wasser Garant für die Fruchtbarkeit der Felder in Elis – durch die Mistberge der Rinder. An einem Tag säuberte er so die Stallungen und das Land von Mist und Gestank.

Kerberos: Am südlichen Ende der Peloponnes, am Kap Tainaron, gab es im Altertum einen Eingang in die Unterwelt. Hier stieg Herakles in die Welt der Toten hinab, um mit Billigung der Unterweltsgötter den dreiköpfigen Hund Kerberos heraufzuholen. Nachdem er ihn seinem Auftragsgeber gezeigt hatte, entließ er den Hund wieder in die Unterwelt.

Alle diese Orte, Nemea, Lerna, das Keryneia- und Erymanthos-Gebirge, der Stymphalische See, die Stadt Elis und das Kap Tainaron gibt es heute noch. Der Besucher kann die Landschaft, die Gebirge, die Stadt und den See anschaulich erleben und mit dem Hintergrundwissen um die hier lokalisierten Mythen ein lebendiges Verhältnis zu diesen alten Geschichten bekommen.

Diese Mythen sind nicht nur fromme Geschichten, sondern spiegeln in der Regel auch reale Geschichte wider. Man kann sie als eine Sondergattung historischer Quellen bezeichnen. Doch das oft unlösbare Problem ist, den historischen Kern von den ihn umgebenden Geschichten und Zutaten zu trennen. Hierbei kann die Archäologie helfen, die sich ja als eine historische Wissenschaft versteht. Bereits vor über hundert Jahren hat Heinrich Schliemann die historischen Stätten von Troia, Mykene und Tiryns nur entdeckt, weil er die bei Homer überlieferten Mythen nicht nur als Geschichten, sondern als Geschichte betrachtete und diese Mythen als Quellen für seine archäologischen Forschungen benutzte.

Herakles im Kampf mit dem Nemeischen Löwen. Da dieses Untier nicht mit den üblichen Waffen verwundet und getötet werden kann, hat Herakles diese in den Baum gehängt, um ihn im Ringkampf zu erwürgen. Rechts von ihm steht seine Schutzgöttin Athena und macht ihm Mut. Schwarzfigurige Amphora um 510 v. Chr. Brescia, Museo Civico.

Ohne Kenntnisse des mythischen Hintergrunds wird der Reisende an den historischen Stätten der Peloponnes und in den ausgestellten Kunstwerken der Museen nur deren äußeres Erscheinungsbild erkennen können. Das mag einigen genügen. Diejenigen aber, die die Peloponnes, ihre besondere Landschaft, ihre antiken Stätten und ihre Kunstwerke in ihrer Thematik und ihrem Sinn wirklich verstehen wollen, können an den ihnen zugrunde liegenden Mythen nicht vorbeigehen. Hinzu kommt, dass auch die heutigen Griechen, ihre Namen, Sitten und Gebräuche, ihre Kunst und Literatur nur aufgrund der Kenntnis der alten Mythen richtig einzuordnen und zu verstehen sind. Denn kaum ein anderes Volk unseres Kulturkreises ist heute noch so mit seiner Vergangenheit und seinen Mythen verwurzelt wie die Einwohner Griechenlands.

Die griechischen Gottheiten und ihre Attribute

Die Griechen verehrten in ihren Kultstätten viele verschiedene Gottheiten (Polytheismus), im Gegensatz zu der jüdischen, christlichen und islamischen Religion, die nur einen Gott kennen (Monotheismus). Neben den so genannten zwölf olympischen Gottheiten wurden noch viele andere – beispielsweise Heroen, Halbgötter, Nymphen oder Flussgötter – verehrt. In den großen Städten gab es Heiligtümer, Tempel und Altäre für die meisten von ihnen, und doch zeigt sich, dass an manchen Orten bestimmte Einzelgottheiten besondere Verehrung genossen, wie in Epidauros Asklepios, in Argo Hera, in Korinth Apollon und in Olympia Zeus.

Die griechischen Götter werden durch so genannte Attribute gekennzeichnet. Für uns heute sind sie oft die einzigen Erkennungsmerkmale, nach denen wir die Götter unterscheiden und benennen können. Für die Griechen der Antike aber waren Kerykeion (Botenstab des Hermes), Blitz, Schlange, Musikinstrumente, Blumen, Pflanzen und andere Gegenstände mehr als bloße Erkennungszeichen: sie kennzeichneten das Wesen der Gottheit.

Auch wo nur das Attribut erschien, war die Gottheit als anwesend gedacht, ähnlich wie bei den frühen Christen der Fisch oder das Kreuz als Sinnbild des Heilands gesehen wurden.

Name	**Funktion**	**Attribute; Begleiter**	**Zugeordnete Tiere und Pflanzen**	**Heiligtümer auf der Peloponnes**
ZEUS	höchster Gott, zuständig für Recht und Ordnung	Zepter, Blitzbündel	Adler, Eiche	Olympia, Messene, Lykaion
HERA Schwester und Gattin des Zeus	höchste Göttin, Beschützerin der Ehe und Geburt	Zepter, Diadem	Kuh, Kuckuck	Argos, Olympia, Mykene, Perachora
APOLLON Sohn des Zeus und der Leto, Zwillingsbruder der Artemis	Gott der Weissagung (Orakel!) und des Lichts, Gott der Künste	Köcher, Pfeil, Bogen, Kithara, Dreifuß, Omphalos; Musen	Lorbeer	Epidauros, Bassai, Argos, Amyklai
ARTEMIS Tochter des Zeus, Zwillingsschwester des Apollon	jungfräuliche Göttin der Jagd und der Natur, Beschützerin von Keuschheit und Fruchtbarkeit	Köcher, Pfeile, Bogen	Hirsch, Bär, Reh, Hund, Gans	Tegea, Orchomenos (Arkadien), Sparta
ATHENA (Pallas A.) Tochter des Zeus	jungfräuliche Göttin der Weisheit, des Verstands und der Kunstfertigkeit, Schirmherrin Athens	Helm, Panzer, Speer, Ägis, Gorgonenhaupt, Schild	Eule, Ölbaum, Schlange	Sparta, Tegea, Alipheira
APHRODITE Tochter des Zeus und der Diane, Gattin des Hephaistos	Göttin geschlechtlicher Liebe und der Schönheit	Spiegel, Albastron; Erosknabe (ihr Sohn aus der Verbindung mit Ares)	Hase, Taube, Schwan	Korinth, Argos, Epidauros, Troizen
POSEIDON Bruder des Zeus	Gott des Meeres und der Gewässer	Dreizack	Fisch, Pferd	Isthmia, Rhion, Tainaron
ARES Sohn des Zeus und der Hera	Gott des Krieges	Lanze, Rüstung		besaß kaum Kultstätten in Griechenland
HEPHAISTOS Sohn des Zeus und der Hera, Gatte der Aphrodite	Gott des Feuers, der Schmiede und der Handwerker, die Feuer nutzen	Schmiedehammer, Zange		Heiligtümer außerhalb der Peloponnes
DEMETER Schwester und Geliebte des Zeus	Göttin der Fruchtbarkeit und des Wachstums	Zepter, Diadem	Kornähren	Lepreon
DIONYSOS Sohn des Zeus und der Semele	Gott des Weins, der Vegetation und des Theaters	Thyrosstab, Pantherfell; Satyrn, Silene, Nymphen	Panther, Efeu, Weinstock	an allen Orten mit Theater
HERMES Sohn des Zeus und der Maia	Bote der Götter, Gott der Hirten, Schützer der Wege, Wanderer, Kaufleute	Kerykeion (Heroldsstab), Schildkrötenleier		an Wegen und Kreuzungen
ASKLEPIOS Sohn des Apollon	Gott der Heilkunde	Stab mit Schlange	Schlange	Epidauros, Messene
PAN Sohn des Hermes	Wald- und Weidegott	Panflöte, Lagobolon	Ziege	Kephalari, in Arkadien

Die Bergwelt des Taygetos bei Kalamata im Abendlicht. Kalamata ist der Oliven und des Olivenöls wegen in ganz Griechenland – und nicht nur dort – berühmt. Je nach Tageszeit können die silbrigen Blätter auch eine rötliche Farbe annehmen.

Der Zeustempel von Nemea mit dem Tafelberg Apesas im Hintergrund. Wie frühe Stiche aus dem 18. und 19. Jh. belegen, stehen diese drei Säulen – zwei aus dem Pronaos und eine von der Peristase – schon seit der Antike an ihrem angestammten Platz. Mittlerweile richten Archäologen und Architekten auch andere Säulen wieder auf, deren Trommeln sich erhalten haben. Inzwischen steht schon eine vierte Säule. Auf dem Apesas soll die Mondgöttin Selene den Löwen ausgesetzt haben.

Hier am Stymphalischen Sumpfsee lebten einst die todbringenden Vögel, die Herakles vertrieb. Der See liegt in einem fast 600 Meter hohen Becken, das von Bergen rings umgeben ist und keinen oberirdischen Abfluss besitzt. Das im Winter sich sammelnde Wasser wird durch sog. Katavothren unterirdisch abgeleitet und tritt bei Argos in der Erasinos-Quelle wieder zutage.

Links: Ausblicke auf die Vielfalt der peloponnesischen Landschaft in einem Licht, das es nur in Griechenland gibt, können dem Betrachter gelegentlich den Atem stocken lassen. Hier ein Panorama der Bergwelt beim arkadischen Stemnitsa.

Oben: Der Lousios-Fluss unterhalb des Klosters des Philosophen (Moni Philosophou).

Blick in das wolkenverhangene Tal bei Mavromati, in dem einst das antike Messene lag. Der Komödiendichter Aristophanes hatte in seinem Lustspiel »Wolken« vielleicht ein solches Bild vor Augen (V. 275ff.):
Wolken, ihr ewigen Wandrer / steiget empor und lasset erscheinen / eure beweglichen, feuchten Gestalten, / schwingt aus der tosenden Tiefe des Vaters Okeanos / hoch auf den ragenden Grat des bebuschten Gebirgs euch.

2 Mykene – Die Burg, nach der eine Kultur benannt wurde

Wer das gewaltige Löwentor von Mykene durchschreitet, betritt mythischen Boden. Die Legenden, die sich um diesen Ort ranken, sind an Dramatik kaum zu überbieten. Sie gerieten durch die ganze griechische und sogar römische Antike nie in Vergessenheit und lieferten unendlichen Stoff und Vorlagen für Epen, Dramen, Gedichte, Geschichtsschreibung und Philosophie.

Reliefplatte vom Löwentor in Mykene.

Der Gründungsmythos. In grauer Vorzeit lebte in der Argolis ein Zwillingspaar namens Proitos und Akrisios, das sich schon vor der Geburt im Mutterleib stritt und diesen Streit bis ins hohe Alter fortsetzte. Proitos hatte mithilfe der Kyklopen die Burg Tiryns erbaut, während Akrisios König in Argos war. Diesem war in einem Orakel prophezeit worden, dass er durch den Sohn seiner Tochter – also seinen Enkel – ums Leben kommen würde. Um das zu vermeiden, sperrte er seine Tochter Danae in ein unterirdisches, ehernes Verließ, damit sie keine Kinder bekäme. Doch der Göttervater Zeus sah die schöne Danae, drang in Gestalt eines goldenen Regens in das Verließ vor und zeugte mit ihr einen Sohn, den sie Perseus nannte. Als Akrisios davon erfuhr, ließ er Mutter und Sohn in eine hölzerne Truhe sperren, die er dem Meer übergab. Doch Zeus hielt, wie er es bei all seinen Kindern zu tun pflegte, seine schützende Hand über Mutter und Kind, und die Truhe strandete bei der Insel Seriphos. Hier wuchs Perseus heran, tötete, als er erwachsen war, mithilfe der Athena und des Hermes die Gorgo Medusa und befreite seine Mutter Danae, die als Sklavin bei dem König von Seriphos, Polydektes, dienen musste.

Nachdem er auch noch seinen Großvater Akrisios aus Versehen getötet hatte, sodass der Orakelspruch erfüllt wurde, verließ Perseus Argos, um eine eigene Residenz zu gründen. Auf seinem Weg, wenige Kilometer nördlich von Argos, griff er, von Durst geplagt, nach einem Pilz (griechisch: mykes), an dessen Stelle plötzlich eine Quelle entsprang, die bis heute seinen Namen trägt: Perseia. Hier legte er den Grundstein für eine Burganlage und nannte sie Mykene.

Die Nachkommen des Perseus mussten ihre Herrschaft über Mykene später an die Pelopiden, die Söhne des Pelops abtreten, auf deren Geschlecht bereits ein alter Fluch ruhte, der seine Wirkung in den Schicksalen von Thyestes, Atreus und Agamemnon zeigte. Die Herrschaft der Pelopiden wurde später abgelöst durch die Rückkehr der Herakliden, deren Stammvater Herakles einst durch Eurystheus aus Mykene vertrieben worden war.

Das Löwentor. Das spektakuläre Löwentor ist heute wie auch in der Antike der Haupteingang zur Burganlage. Es besteht aus vier gewaltigen monolithen Steinblöcken: der Schwelle, auf der zwei seitliche Pfeiler stehen, und einem leicht gewölbten Türsturz. Durch vorkragende Steine wurde nach dem Prinzip des »falschen Gewölbes« ein Dreieck ausgespart, das den Türsturz von lastendem Gewicht freihält. Diese Fläche wurde durch eine flache Steinplatte von nur 70 Zentimeter Stärke ausgefüllt, deren Außenseite das kräftig herausmodellierte Relief von zwei Löwinnen trägt, die, auf den Hinterbeinen aufgerichtet, einander gegenüberstehen. Ihre Vorderbeine stützen sie auf eine rechteckige Basis, auf der eine sich nach unten verjüngende Säule mit einem Kapitell steht.

Die Löwenköpfe, die aus dem Relief heraus auf den Ankommenden gerichtet waren, sind verloren gegangen. Sie waren gesondert gearbeitet und mit Dübeln an dem Relief befestigt. Ihre drohende Haltung ist als eine apotropäische, also Unheil abweisende Geste zu verstehen. Das Relief entstand etwa um 1250 v. Chr. im Zusammenhang mit der Erweiterung des Mauerrings und ist damit die früheste europäische Großplastik.

Rekonstruktion des Burgbergs von Mykene

Das Gold der frühen Schachtgräber. Als Heinrich Schliemann 1874 in Mykene zu graben begann und zwei Jahre später im so genannten Gräberrund A, das innerhalb der Ringmauer rechts vom Löwentor liegt, in den königlichen Schachtgräbern unglaublich reiche Funde machte, sah er sich in seinem Glauben an die historische Wahrheit der homerischen Epen bestätigt. Er hatte eine Kultur entdeckt, die er aus der »Ilias« kannte und die zum immer wiederkehrenden Thema in den griechischen Tragödien des Aischylos, des Sophokles und des Euripides wurde. Durch Schliemann wurde diese literarisch schon lange bekannte Kultur endlich auch archäologisch fassbar. An vielen Orten Griechenlands und besonders auf der Peloponnes stieß man auf die Spuren dieser Kultur, die man nun nach dem Macht- und Kulturzentrum Mykene benannte und die den Zeitraum von ungefähr 1600 bis 1150 v.Chr., also rund 450 Jahre umfasste.

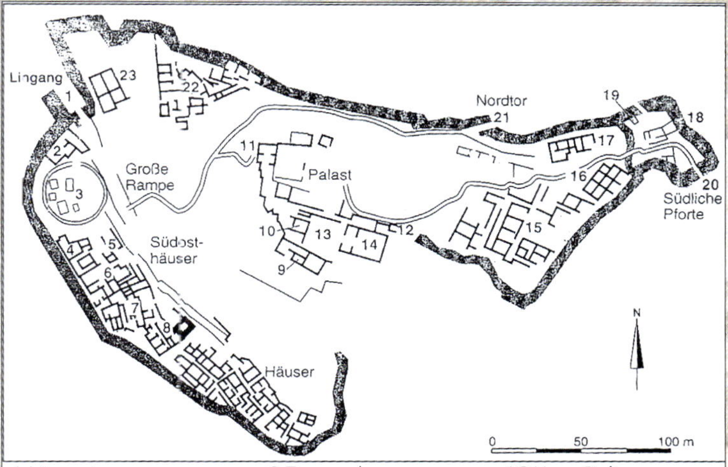

1 Löwentor	9 Treppenhaus	16 Haus Delta
2 Getreidespeicher	10 Empfangs- oder Gästeraum	17 Haus Gamma
3 Gräberrund A	11 Propylon	18 Nordosterweiterung
4 Haus der Kriegervase	12 Badezimmer	19 Perseiabrunnen
5 Rampenhaus	13 Palasthof	20 Südliche Pforte
6 Südhaus	14 Megaron	21 Nordtor
7 Kulträume	15 Haus der Säulen	22 Hausanlage
8 Tsountas-Haus		23 Kaserne

Mit der Entdeckung der Schachtgräber war Schliemann in die mykenische Frühzeit des 16. Jahrhunderts v.Chr. vorgedrungen. Die rechteckigen Schächte (daher der Name), deren Wände mit kleinteiligen Steinmauern eingefasst waren, enthielten 19 Skelette von Männern, Frauen und Kindern. Die überreichen Grabbeigaben, die heute im Nationalmuseum von Athen ausgestellt sind – das Gewicht des Goldes allein betrug über 14 Kilogramm –, machen deutlich, dass es sich nur um Königsgräber handeln konnte, die erst durch die Erweiterung des Mauerrings um 1250 v.Chr. in den Innenbereich der Burganlage zu liegen kamen. Sie wurden nicht mehr als Teil eines Gräberfelds empfunden, sondern erhielten kultische Verehrung.

Zu den Goldfunden gehören verzierte Goldplättchen mit Spiralmustern, aufgesetzten Buckeln, Tintenfischen, Bienen, Eulen oder Fröschen, die an den Totengewändern aufgenäht waren, dazu Golddiademe, Ketten und Armreife, sechs lebensgroße Goldmasken und reich verzierte Waffen. Unter den Schwertern, Beilen und Wurfspießen fanden sich Prunkdolche mit Einlegearbeiten aus Gold, Silber, Kupfer und Niello, einer schwarzen Legierung aus Kupfer, Blei und Schwefel. Ein starker Naturalismus und die dramatischen, aber eleganten Bewegungen von Mensch und Tier bei den Jagddarstellungen auf den Dolchen lassen auf kretische Künstler schließen.

Dieser Reichtum verführte Schliemann dazu, irrtümlich die Gräber mit dem berühmten König Agamemnon, dem griechischen Heerführer vor Troia, und seiner Dynastie in Verbindung zu bringen. Schliemann konnte damals noch nicht wissen, dass Troia erst gegen Ende der mykenischen Epoche von den Griechen zerstört wurde. Dieses Ereignis blieb so lebendig im Geschichtsbewusstsein der alten Griechen, dass es 400 Jahre später zum beherrschenden Thema der entstehenden griechischen Dichtung wurde.

Das »Schatzhaus« des Atreus. Um 1480 v.Chr. setzte ein grundlegender Wandel im Grabkult ein. Hatten die Mykener bis dahin ihre Fürsten und Könige in den oben beschriebenen Schachtgräbern bestattet, so errichteten sie nun aufwändige Kuppel- oder Tholosgräber für ihre königlichen Toten. Das größte und am besten erhaltene ist das so genannte Schatzhaus des Atreus. Ein gewaltiger Zugangsweg (Dromos), der mit rechteckig geschnittenen und geglätteten Steinen unregelmäßiger Größe verkleidet ist, führt zum Eingang des Grabes. Die Türfassade war einst mit Halbsäulen und Reliefs reich verziert (Reste davon findet man heute im Nationalmuseum von Athen und im Britischen Museum von London) und durch eine ursprünglich zweiflügelige Holztür verschlossen. Die Türöffnung (5,40 Meter hoch und am Fußboden 2,70 Meter breit) hatte eine Tiefe von 5,50 Meter. Zwei nebeneinander liegende Türstürze schließen die Öffnung nach oben ab. Der innere Türsturz, der sich der Rundung des Grabes anpasst, hat eine Länge von 9,50 Metern, eine Stärke von 1,20 Metern und ein Gewicht von 120 Tonnen.

Zeichnerische Rekonstruktion des Thronsaals von Pylos. Der Herd im Zentrum ist von vier sich nach unten verjüngenden Säulen umgeben, die die Deckenbalken mit einem Rauchabzug über dem Feuer tragen. Wände, Herdrand und Decke sind mit reichen Dekorationen verziert. Von allen Teilen der Freskomalerei sind Fragmente erhalten (heute im Museum von Chora), diese Zeichnung von Piet de Jong beruht also auf gesicherten archäologischen Funden.

Man staunt über die technischen Möglichkeiten dieser Menschen, die einen Stein von solchem Gewicht vom Steinbruch hierher transportierten und in einer solchen Höhe verlegten. Da man davon ausgehen kann, dass es den Flaschenzug oder irgendwelche hydraulischen Hilfen zu dieser Zeit noch nicht gab, ist diese technische Meisterleistung nur denkbar mithilfe schräger Ebenen durch Sandaufschüttungen, die man später wieder entfernte, und durch den enormen Kraftaufwand vieler Menschen und Tiere. Auch das Grabesinnere hat monumentale Dimensionen. Sein Durchmesser von 15 Metern verjüngt sich bis zu einer Gesamthöhe von 13,50 Meter über 33 regelmäßige, immer enger werdende Steinringe, wodurch eine bienenkorbähnliche Kuppel gebildet wurde. Die Archäologen nennen so etwas falsches Gewölbe. Bereits im Altertum wurde das Grab ausgeraubt. Seine Bezeichnung als Schatzhaus macht deutlich, wie reich und wertvoll die Grabbeigaben ursprünglich gewesen sein müssen.

Noch nicht geklärt ist dieser Wandel der Grabformen und wo die Vorbilder für die aufwändigen Kuppelgräber zu suchen sind. Ein einfacher Stil- oder Geschmackswandel reicht für eine Erklärung nicht aus. Viel eher könnte man an einen Dynastiewechsel denken, der ja durch die Ablösung der Perseiden durch die Pelopiden zumindest im Mythos belegt ist und möglicherweise zu einem so grundlegenden Wandel im Bestattungsritus geführt hat.

Die Magie des Mythos. In der Zeit der größten Machtausdehnung und des größten Reichtums (um 1400 v. Chr.) bleiben die Mykener mehr oder weniger anonym, auch wenn es bereits schriftliche Zeugnisse gibt. Vor allem in Mykene und Pylos sind kleine Tontäfelchen gefunden worden mit Schriftzeichen, die man im Unterschied zur minoischen Linear-A-Schrift als Linear-B-Schrift bezeichnet. Diese Täfelchen, die in ungebranntem Zustand beschriftet wurden, sind durch Brandkatastrophen, die sie zu Ziegeln brannten, erhalten geblieben. Den Engländern M. Ventris und J. Chadwick gelang es vor etwa fünfzig Jahren, diese Linear-B-Schrift zu entziffern. Auch wenn es keine literarischen Texte sind, so sind sie doch für das Wirtschaftssystem eine in einem altertümlichen Griechisch abgefasste lebendige und unschätzbare Informationsquelle. Es finden sich auf ihnen vor allem Verkaufslisten, Abrechnungen, Inventare und eine Registrierung von Landverteilung. Auch Götternamen sind überliefert. So wissen wir, dass bereits damals Zeus, Hera, Demeter, Poseidon, Dionysos, Athena, Eileithyia, Enyalios (später Ares) und Paiaon (später Apollon) von den mykenischen Griechen verehrt wurden.

Erst die Dichter, und hier vor allem Homer, verbinden die Menschen der spätmykenischen Zeit mit Namen. Von ihnen wissen wir, dass Agamemnon (König von Mykene) der Heerführer der Griechen vor Troia war und dass sein Bruder Menelaos (Gemahl der schönen Helena und König von Sparta), der greise Nestor (König von Pylos), Achilleus (König von Thessalien) und Odysseus (König der Insel Ithaka) – um nur einige zu nennen – an dem Kriegszug teilnahmen, dass Agamemnon nach seiner Rückkehr von seiner Frau und deren Liebhaber in der Badewanne mit dem Beil erschlagen wurde, und dass Odysseus erst zwanzig Jahre später, nach langen und gefährlichen Irrfahrten, seine Heimat Ithaka wiedersah. Den gewaltsamen Tod des Agamemnon musste sein Sohn Orestes an seiner eigenen Mutter rächen. Er tötete sie und machte sich durch den Mord an seiner Mutter schuldig. Dieser Konflikt, dass der Mensch ohne Schuld schuldig wird, nur weil er den ungeschriebenen Gesetzen der Gesellschaft und der Religion folgt, entwickelte sich zu einem der wichtigsten Themen in der griechischen Tragödie.

All diese Themen gehören in die mykenische Spätzeit. Die Frühzeit mit den Schachtgräbern ist mit keinem aus dem Mythos bekannten Namen verbunden. Wenn Heinrich Schliemann seine Funde mit berühmten Namen in Zusammenhang brachte, so ist das zum einen auf seine Homergläubigkeit zurückzuführen und zum anderen aber auch darauf, dass zu seiner Zeit die Mittel und Möglichkeiten einer exakten Datierung noch fehlten.

Nestorpalast von Pylos, Burg von Tiryns

Als sie darauf nach dem Bad ihn gesalbt mit dem glänzenden Öle und ihn wohl umhüllt mit prächtigem Mantel und Leibrock, stieg er aus dem Bad, an Gestalt Unsterblichen ähnlich, ging und setzte sich hin bei Nestor, dem Hirten der Völker.

(Homer, »Odyssee«, Buch 3, V. 351–355; 464–469, übers. von J. H. Voss)

Zentren der Kultur, die nach der Burg von Mykene die »mykenische Kultur« genannt wird, finden sich an vielen Orten der Peloponnes und des Festlands. Außerhalb der Peloponnes waren es vor allem die Burgen von Athen, Theben, Orchomenos und Gla und auf der Peloponnes neben Mykene Tiryns und Prosymna in der Argolis, Peristeria, Kakovatos und Pylos in Messenien und Sparta in Lakonien. Hinzu kommen mykenische Siedlungen und Burgen im gesamten Mittelmeergebiet wie Kleinasien, Zypern, Rhodos, Kreta, Unteritalien und Sizilien. Vor allem Schiffswege über das Meer, aber auch Straßen mit gut erhaltenen Brücken verbanden die Siedlungen und Burganlagen miteinander, sodass ein reger Handel, der Austausch von wichtigen Informationen, aber auch die Schaffung von verwandtschaftlichen Bindungen und Freundschaften einen engen Zusammenhalt entstehen ließen, der in dem Kampf um Troia, an dem fast alle mykenischen Herrscher rund um das Mittelmeergebiet teilnahmen, seinen deutlichsten Ausdruck fand.

Eines der schönsten Beispiele dafür ist der Nestorpalast von Pylos, etwa 17 Kilometer nördlich der heutigen Stadt Pylos in Messenien gelegen. Hier empfing der alte Nestor, der am Troianischen Krieg als weiser Ratgeber teilgenommen hatte, den jungen Telemachos. Er hatte sich nach dem Ende des Krieges von Ithaka aus aufgemacht, um nach seinem Vater Odysseus zu forschen. Die meisten Helden waren inzwischen heimgekehrt, nur Odysseus blieb verschollen. Daheim in Ithaka bedrängte eine Schar von adeligen Jünglingen die schöne Königin Penelope, die aber an den Tod ihres Mannes Odysseus nicht glauben mochte und sich daher der Wiederverheiratung durch eine List entzog. Bevor sie einen Freier erhören werde, müsse sie erst einen Teppich vollenden, der aber nicht fertig wurde, weil sie das am Tag Gewebte nachts wieder auflöste. Nun war die List ans Licht gekommen, und die Lage wurde ernster. In dieser Situation machte sich Telemachos auf, um Teilnehmer am Troianischen Krieg nach seinem Vater zu befragen. Pylos war sein erstes Ziel.

Der Hafen, in dem Telemachos mit seinem Schiff in Pylos landet, kann nur die kreisrunde, fast geschlossene Bucht sein, die man heute Voidokilia (vgl. Seite 107) nennt. Von hier aus war der Nestorpalast, der einige Kilometer weiter oben im Landesinneren liegt, gut zu sehen. Telemachos gibt sich zu erkennen, nimmt an den Opferfeierlichkeiten teil und lässt sich durch Nestor von der Heimfahrt der Helden berichten. Doch was mit Odysseus geschehen ist, weiß auch Nestor nicht zu berichten, und er empfiehlt, Menelaos, den König von Sparta, zu befragen, der auch erst kürzlich in die Heimat zurückgekehrt sei.

Als Telemachos sich daraufhin zum Schlafen auf sein Schiff zurückziehen will, lässt Nestor dies nicht zu, sondern bittet ihn, mit in seinen Palast zu kommen, wo er es ja viel schöner und bequemer habe:

Aber ich habe ja Mäntel genug und prächtige Decken! Fern drum sei's, dass der liebe Sohn eines Manns wie Odysseus hier auf dem Deck seines Schiffes schlafe, solange ich lebe und mir Söhne noch bleiben zu Hause in meinem Palaste, gastlich aufzunehmen den Gast, wenn einer uns aufsucht. (...) Den Telemachos badete dann Polykaste, die schöne, Nestors spät geborene Tochter, des Neleiaden.

Das Archäologenglück und der Zufall wollten es, dass bei der amerikanischen Ausgrabung des Nestorpalasts unter Carl W. Blegen (1939–1965) in den Privaträumen der königlichen Familie ein Badezimmer gefunden wurde mit einer komplett erhaltenen, schön bemalten Badewanne aus Ton, die mit einer Trittstufe in einem tönernen Bett an der Zimmerwand eingelassen war. Daneben standen zwei große Tongefäße, so genannte Pithoi, für warmes und kaltes Wasser. Es wäre wohl vermessen zu sagen, das sei die Badewanne, in der die schöne Polykaste den jungen Telemachos badete und salbte – aber ein verlockender Gedanke im Zusammenhang mit dem Text der »Odyssee« ist es trotzdem.

Einen ganz anderen Charakter als der luxuriöse Nestorpalast zeigt die Burg von Tiryns. Hier sind verwinkelte Toranlagen, hohe Befestigungsmauern und Kasematten die bestimmenden Elemente. Schon in der Antike konnte man sich nicht vorstellen, dass Mauern aus so riesigen Steinen von Menschenhand errichtet waren, davon zeugt der Mythos: Als nämlich Proitos von seinem Zwillingsbruder vertrieben wurde (vgl. Seite 10), flüchtete er nach Kleinasien an den Hof des lykischen Königs Iobates, wo er dessen Tochter Stheneboia heiratete. Mithilfe seines Schwiegervaters kehrte er nach Argos zurück und ließ durch lykische Riesen, die so genannten Kyklopen, die Mauern von Tiryns errichten. Daher bezeichnet man diese Mauerbauweise als kyklopisch. Die Töchter des Proitos sollen sich den Göttern gegenüber versündigt haben, indem sie sich der Einführung des Dionysos-Kultes widersetzten oder sich der Göttin Hera an Schönheit überlegen fühlten. Hera jedenfalls strafte sie mit Wahnsinn und ließ sie als Kühe brüllend durch das Land irren. Durch den Seher Melampus (Schwarzfuß) wurden sie schließlich geheilt.

Perseus, der Enkel des Akrisios, errang, nachdem er Mykene gegründet hatte (vgl. Seite 20), auch die Herrschaft über Tiryns, das also mythologisch gesehen älter als Mykene ist, was auch die archäologischen Funde bestätigen. Der Name »Tirynthos«, aus dem später Tiryns wurde, ist sogar vorgriechisch, wie alle Namen mit einem –nth im Stammauslaut. Meist sind es Ortsbezeichnungen wie »Korinthos« oder »Erymanthos«, welche die einwandernden Griechen (zwischen 2000 und 1900 v. Chr.) von der dort ansässigen ägäischen Urbevölkerung übernahmen und beibehielten. Aber auch ein Wort wie »asaminthos«, »Badewanne«, wurde von den Griechen übernommen. Es ist ein Zeichen für die hohe Kultur, welche die Griechen hier vorfanden. Sie kannten weder den Gegenstand, noch hatten sie einen Namen dafür, und deswegen übernahmen sie beides von den hier lebenden vorgriechischen Menschen.

Die große Anlage von Tiryns, wie wir sie heute sehen, stammt aus späthelladischer Zeit (1400–1200 v. Chr.). Nur eine massive Bedrohung von außen konnte einen solch gewaltigen Ausbau der Festungsanlage mit einem Brunnenschacht unter der riesigen Außenmauer in der Unterburg und einem aufwändig geschützten Ausfallstor mit Treppenanlage in der Oberburg initiieren. Um 1200 v. Chr. wurde die Burg von Tiryns durch einwandernde Völker zerstört. Die Erforschung begann auch hier mit Heinrich Schliemann, der zusammen mit Wilhelm Dörpfeld 1884 und 1885 die Oberburg und den Palastbereich freilegte. Mit Unterbrechungen wurde in Tiryns bis 1929 von deutschen Archäologen gegraben. Seit 1967 führt das Deutsche Archäologische Institut vor allem im Bereich der Unterstadt Grabungen durch.

Oben: Blick auf den Burgberg von Mykene. Im Vordergrund sind Reste der Unterstadt ausgegraben mit Revieren verschiedener Handwerksbetriebe, die nach ihren Funden benannt sind. So gibt es ein Haus des Ölhändlers, ein Haus der Sphingen und ein Haus der Schilde. Die mykenischen Paläste waren gleichzeitig kulturelle und wirtschaftliche Zentren. Aromatische Öle waren ein wichtiger Exportartikel der mykenischen Zeit. Die »Flakons«, sog. Bügelkannen, hat man im gesamten Mittelmeergebiet gefunden.

Rechts oben: Auf dem Burgberg von Mykene. Ein einzelner Baum hat der Grabungstätigkeit der Archäologen standhalten können.

Rechts unten: Teil der kyklopischen Burgmauer von Mykene. Schon in der Antike glaubte man, so auch der Historiker Pausanias, dass nur Kyklopen, also Riesen, solche gewaltigen Steine übereinander türmen konnten; daher auch rührt die Bezeichnung »kyklopisch«.

Links: Das Löwentor von Mykene. Über dem gewaltigen Türsturz füllt die Reliefplatte mit den beiden Löwinnen ein Dreieck aus, das statisch gesehen als Entlastungsdreieck bezeichnet werden kann.

Oben: Die Rückseite des Löwentors zeigt deutlich, dass der Türsturz nur etwa zur Hälfte durch das Relief belastet ist. Das Gewicht der schräg ansteigenden Steinblöcke, die das Relief umhüllen, belastet den Sturz nicht. Für die Frühzeit Griechenlands ist dies eine erstaunliche Lösung statischer Probleme.

Unten: Der Pfeiler, auf dem der Türsturz ruht, zeigt Einkerbungen, die der Verriegelung der beweglichen Türflügel dienten.

Oben: So genanntes Schatzhaus des Atreus (s. S. 21), das weder ein Schatzhaus war, noch dem Atreus zugewiesen werden kann, der nämlich in die Generation vor Agamemnon gehört, also in das 13. Jh. v. Chr. Das Grab ist etwa 200 Jahre früher zu datieren und diente als Königsgrab. Auch hier wurde – wie beim Löwentor – das Prinzip des Entlastungsdreiecks angewandt, um den riesigen Türsturz von lastendem Gewicht frei zu halten (*unten*). Auch dieses Dreieck war durch eine Reliefplatte geschlossen, die jedoch nicht erhalten ist. In dem langen Zugang zum Grab, dem Dromos, wurden die toten Könige als Heroen durch Opfer verehrt.

Goldmaske, die Heinrich Schliemann in einem der Schachtgräber des Gräberrunds A gefunden hat. Sie wurde dem Toten bei der Bestattung auf das Gesicht gelegt. Auch wenn die Maske aus relativ dünnem Blattgold besteht, kann man nicht davon ausgehen, dass sie als Abdruck des Toten entstanden ist. Zu viele Einzelheiten – Barthaare, Augenbrauen, Augen und Ohren – lassen sich nicht durch Aufdrücken darstellen.
Da insgesamt fünf Goldmasken gefunden wurden, die ganz unterschiedlich sind, wird vermutet, dass die Masken individuelle Porträts der toten Könige wiedergeben. Leider sind uns deren Namen nicht überliefert.

Oben: Blick auf Argos über die römische Thermenanlage von den Publikumsrängen des griechischen Theaters aus (um 300 v. Chr.).

Rechts: Die riesige Theateranlage wurde mit 81 Sitzreihen für 20 000 Zuschauer aus dem Felsen des steilen Berhangs herausgearbeitet. Im Laufe des 4. Jh. n. Chr. wurde unter den Römern die Orchestra des Amphitheaters so umgebaut, dass sie geflutet werden konnte, um hier Seeschlachten aufführen zu können.

Kyklopische Burgmauer von Tiryns im südlichen Bereich.

Eine der landschaftlich schönsten Badebuchten bei Pylos. Dünen von feinstem Sand haben hier eine halbkreisförmige Lagune geschaffen mit einem verengten Ausgang zum Meer. Schon in der Antike war sie ein idealer Landeplatz für Schiffe (s. S. 23). Der Form verdankt sie ihren Namen »Voidokilia«, Ochsenmagen.

Südlich der Bucht liegt auf halber Höhe die sog. Nestorhöhle mit reichen prähistorischen Funden. Auf dem Felsen gegenüber ist unterhalb einer Kapelle des Propheten Elias ein mykenisches Kuppelgrab entdeckt worden. Die Kuppel ist zwar eingestürzt, aber das kreisförmige Fundament und Reste des Dromos sind erhalten.

Der Historiker und Schriftsteller Pausanias (2. Jh. n. Chr.) bezeichnet es als Grab des Thrasymedes, eines Sohnes des Nestor, König von Pylos. Neuere Grabungen haben erwiesen, dass sich das mykenische Kuppelgrab im Zentrum eines mittelhelladischen vormykenischen Grabhügels befindet.

3 Zum Kampf der Wagen und Gesänge: Olympia

Zu jeder Zeit von der Antike bis heute war das griechische Mutterland bemüht, den Kontakt zu seinen im Ausland wohnenden Bürgern nicht abreißen zu lassen.

Schon im achten Jahrhundert v. Chr. begannen die Griechen, ausgehend von den peloponnesischen Städten Korinth, Argos und Sparta, Pflanzstädte oder Kolonien im gesamten Mittelmeerraum zu gründen. Am Schwarzen Meer, in Kleinasien, auf Zypern, in Ägypten, Nordafrika, Spanien, Italien und Südfrankreich entstanden griechische Stadtzentren mit Menschen, die sich ihrer Herkunft immer bewusst blieben und über Jahrtausende die Verbindung zu den Mutterstädten aufrechterhielten. Auch das Mutterland war bemüht, die kulturellen, aber vor allem auch die wirtschaftlichen Verbindungen zu seinen Auslandsgriechen und Kolonien zu pflegen und zu erhalten. Doch wie war das möglich in einer Zeit, in der es noch keine Post, kein Telefon, geschweige denn Fax oder E-Mail gab, in der man nicht schnell im Flugzeug, Auto oder im Fährbootsverkehr nach Griechenland reisen konnte? Durch das Veranstalten großer Feste mit musischen und sportlichen Wettkämpfen brachte man alle Griechen dazu, trotz langer und beschwerlicher Reisen in das Mutterland zu fahren, um an den Ereignissen teilzuhaben.

Panhellenische Spiele zu Ehren der Götter. Die Feste hatten immer religiösen Charakter, wurden also zu Ehren einer Gottheit oder eines Heroen veranstaltet und fanden in festgelegten, regelmäßigen Zeitabständen statt, meist alle vier Jahre, und zu ganz bestimmten Terminen, die immer gleich blieben und allen Teilnehmern bekannt waren. Man nannte diese Feste panhellenisch, da nicht nur die Griechen des Mutterlands, sondern alle Griechen, die irgendwo im Mittelmeerbereich lebten, daran teilnahmen, aber eben nur Griechen und keine Barbaren, also Menschen, die kein Griechisch sprachen. Solche Feste waren die Olympien (seit 776 v. Chr.), die in Olympia abgehalten wurden, die Pythien in Delphi (seit 586 v. Chr.), die Nemeen (seit 573 v. Chr.), die zwischen Argos und Korinth in Nemea stattfanden, und die Isthmien auf der Landenge von Korinth, dem so genannten Isthmus (seit 581 v. Chr.). In Friedrich Schillers Ballade *Die Kraniche des Ibykus* wird der junge »Götterfreund« Ibykus auf dem Weg »Zum Kampf der Wagen und Gesänge« kurz vor dem Isthmus von Räubern erschlagen. Als letzte Stadt reiht sich auch noch Athen (seit 566 v. Chr.) in die Austragungsorte panhellenischer Spiele ein. Von fünf dieser wichtigen Orte lagen allein drei auf der Peloponnes.

Wer zählt die Völker, nennt die Namen,
die gastlich hier zusammenkamen?
Von Kekrops' Stadt, von Aulis Strand,
von Phokis, vom Spartanerland,
von Asiens entlegner Küste,
von allen Inseln kamen sie
und horchen von dem Schaugerüste
des Chores grauser Melodie.
(Aus: Friedrich Schiller, »Die Kraniche des Ibykus«)

Ursprünglich waren diese Feste wahrscheinlich Totenspiele, die man zu Ehren und zum Gedächtnis eines göttlichen Wesens, eines bedeutenden Heroen oder Urkönigs ausrichtete. Das schönste und früheste literarische Beispiel hat uns Homer in seiner »Ilias« hinterlassen, in der er den Kampf um Troia schildert. Im 23. Gesang berichtet er von den Totenspielen, die zu Ehren des gefallenen Patroklos von seinem besten Freund Achilleus veranstaltet wurden und bei denen es auch um wertvolle Preise ging. Nachdem das Grabmal errichtet war, ging Achilleus zu seinen Schiffen und holte die Siegespreise: »Und er holte aus den Schiffen Kampfpreise: Kessel und Dreifüße und Pferde und Maultiere und der Rinder starke Häupter und Frauen, gut gegürtete, und graues Eisen« (Homer, »Ilias«, Buch 23, 259–261).

Für den Sieg im Wagenrennen setzte Achilleus als Preis eine Frau aus, »die untadelige Werke wusste«, und einen bronzenen Dreifuß mit Henkeln, der zweite Sieger erhielt eine sechsjährige trächtige Stute, der dritte Sieger einen Bronzekessel, der Vierte zwei Pfund Gold, und sogar der Fünfte durfte noch eine unbenutzte Schale in Empfang nehmen. Bei den anderen Wettkämpfen Boxen und Ringen waren die Preise ähnlich wertvoll. Die Siegespreise bei den Spielen in Olympia, den ältesten und bedeutendsten in Griechenland, waren im Vergleich zu denen des Achilleus nicht so üppig. Es ging hier mehr um eine symbolische Auszeichnung, ein Kranz aus den Zweigen des wilden Ölbaums, der im Heiligtum in der Nähe des großen Zeusaltars stand.

Die Spiele in Olympia. Im Jahre 776 v. Chr. gab es eine Neuordnung und einen Neubeginn der Olympischen Spiele. Von diesem Datum an wurden die Sieger im Stadionlauf mit Namen schriftlich festgehalten, und die einzelnen Olympiaden gezählt, durchnummeriert und nach dem Sieger benannt. Von Pausanias (zu seiner Person vgl. das folgende Kapitel) wissen wir, dass der Sieger im Stadionlauf der ersten Olympiade Koroibos hieß. Da die Menschen der Antike ja noch nicht mit »vor Christus« oder »nach Christus« rechneten, dienten ihnen die Spiele als einzige absolute Datierungsmöglichkeit. Wenn man also etwas in das dritte Jahr der zweiten Olympiade datierte, so war das im Jahr 770 v. Chr.

Die Spiele in Olympia fanden alle vier Jahre zur Zeit des Vollmonds in der größten Sommerhitze im August oder Anfang September statt. Nur Knaben, Männer und unverheiratete junge Frauen waren als Zuschauer zugelassen. Den verheirateten Frauen war es unter Androhung der Todesstrafe verboten, den Spielen beizuwohnen. Die einzige Ausnahme war die Priesterin der Demeter Chamyne, deren Altar im Stadion, genau gegenüber der Schiedsrichtertribüne errichtet war. Nur ein einziges Mal in der langen Geschichte Olympias hatte sich eine Frau – Mutter, Schwester und Tochter mehrerer Olympioniken – als Trainer verkleidet mit in das Stadion geschlichen. Als ihrem jüngsten Sohn beim Faustkampf der Knaben der Sieg zugesprochen wurde, sprang sie voller Begeisterung über die Absperrung, wobei ihr Gewand zerriss. Sie wurde zwar zum Tode verurteilt, aber nach langen Diskussionen begnadigt, weil sie aus einer Familie mit vielen Olympioniken stammte und man daran erkennen konnte, dass der Segen des Zeus auf ihr ruhte.

Die teilnehmenden Athleten mussten sich einen Monat vor Beginn der Spiele in Elis, etwa 30 Kilometer nördlich von Olympia, einfinden, wo sie sich der Vorbereitung und einem gemeinsamen Training zu unterziehen hatten. Sie mussten griechischer Abstammung, von freier Geburt und ohne Blutschuld sein. Im fünften Jahrhundert v. Chr. hatten die Makedonen die größten Schwierigkeiten, an den Spielen teilnehmen zu dürfen, da die Griechen sie für Barbaren hielten. Mit langen mythologischen Erklärungen konnten die Hellanodiken, die die Verantwortung für den Ablauf des Festes trugen und auch als Schiedsrichter fungierten, davon überzeugt werden, dass die Makedonen auch Griechen seien – eine Frage und ein Problem, das erst wieder in der allerjüngsten Vergangenheit im Zusammenhang mit der Republik Makedonien eine Rolle spielen sollte.

Um eine gefahrlose Anreise zu gewährleisten, wurde rechtzeitig ein Gottesfriede ausgerufen, der die Festteilnehmer unter den besonderen Schutz des Zeus stellte. Nach Verkündigung dieses zeitlich begrenzten Gottesfriedens reisten Festboten in alle Stadtstaaten und Länder, wo man durch die Zelebrierung eines gemeinsamen Opfers den offiziellen Beitritt zur olympischen Friedens- und Festgemeinschaft erklärte. Wer diesem Pakt nicht beitreten wollte, durfte zwar weiter Krieg führen, wurde aber von der Teilnahme an den Spielen ausgeschlossen. Nach der Trainings- und Einweisungszeit in Elis zogen die Athleten in einer zweitägigen Prozession mit den Hellanodiken von Elis in das etwa dreißig Kilometer entfernte Olympia.

In klassischer Zeit sahen das Programm und die Abfolge der Wettkämpfe etwa folgendermaßen aus:

1. Tag: Wettkampf der Trompeter und Herolde. Der olympische Eid wurde geleistet.
2. Tag: Wettkämpfe der Jugendlichen.
3. Tag: Hippische Agone (Pferde- und Wagenrennen), dann Fünfkampf. Am Abend wurde ein Totenopfer für Pelops und Achilleus gebracht.
4. Tag: Opfer einer Hekatombe (entspricht 100 Tieren) am Zeusaltar mit anschließendem Festessen im Prytaneion. An diesem Tag musste Vollmond sein.
5. Tag: Laufwettbewerbe, am Nachmittag Pankration (eine Art Catchen, bei dem fast alles erlaubt war), Ringen, Faustkampf und Waffenlauf.
6. Tag: Ehrung und Bekränzung der Sieger. Festmahl für die Ehrengäste.

In jeder Disziplin gab es jeweils nur einen Sieger, wobei sogar tote Athleten postum zum Sieger erklärt werden konnten.

Der Diskuswerfer, eine römische Marmorkopie nach einem griechischen Bronzeoriginal des Myron um 450 v. Chr. (Rom, Thermenmuseum).

Pausanias berichtet von dem Pankratisten Arrhachion, der bereits 572 und 568 gesiegt hatte und nun, vier Jahre später, erneut als Wettkämpfer antrat:

> **Sein Gegner ... packte den Arrhachion zuerst, hielt ihn mit den Beinen umklammert und würgte ihn mit den Händen am Hals. Arrhachion aber brach seinem Gegner einen Zeh am Fuß und gab gleichzeitig seinen Geist auf. Der aber, der den Arrhachion erwürgt hatte, gab den Kampf vor Schmerzen wegen seines gebrochenen Zehs auf. Die Hellanodiken aber bekränzten den Leichnam des Arrhachion und erklärten den Toten zum Sieger.** *(Pausanias, Buch VIII, 40,2)*

Der Pankratist Leontiskos von Messina ist dadurch berühmt geworden, dass er seine Gegner bei den Fingern packte und diese genüsslich zerquetschte, bis sie, von Schmerzen gepeinigt, den Kampf aufgeben mussten. Auch wenn dies ein klarer Regelverstoß war, sahen die Schiedsrichter in einem spannenden Kampf oft darüber hinweg, sodass Verletzungen übelster Art zum Risiko der Pankratiasten, Ringer und Boxer gehörten.

Während heute vielfach tierischer Ernst die Athleten und Veranstalter beherrschen, gab es in der Antike bereits herzerfrischende Kritik und beißenden Spott über das Gehabe der Athleten. So machte man sich über immer dicker werdende Bäuche und Muskelpakete lustig und unterstellte ein damit einhergehendes Schwinden von Gehirnmasse. Schon im sechsten Jahrhundert v. Chr. schreibt der Philosoph Xenophanes: »Viel besser als Männer- und Rossekraft ist doch unser Wissen, und es zeugt von Dummheit, körperliche Stärke dem tüchtigen Wissen vorzuziehen.«

Nero als Olympionike. Die Spiele behielten ihren panhellenischen Charakter, auch wenn man in späteren Jahrhunderten – vor allem in der römischen Zeit – etwas großzügiger verfuhr mit der Auslegung, wer Grieche sei und wer nicht, oder wer ein freier Mann sei oder Sklave.

Die für Olympia wohl peinlichste Angelegenheit war die Teilnahme des römischen Kaisers Nero an den Spielen. Er ließ die 211. Spiele von 65 n.Chr. auf das Jahr 67 verlegen, weil es ihm terminlich besser passte. Dies allein war schon ein unverzeihlicher Bruch mit der Tradition, die nicht einmal in Kriegs- oder den schlimmsten Krisenzeiten angetastet worden war. Dann trat der Kaiser auch noch als Kitharaspieler und Sänger auf, also in Disziplinen, die es nie in Olympia gegeben hatte und die nun eigens für diesen Anlass geschaffen werden mussten. Trauriger Höhepunkt seines Auftritts war, als der Kaiser beim Wagenrennen auch noch aus seinem Wagen fiel und das Rennen nicht beenden konnte. Dennoch wurden ihm in allen Disziplinen, an denen er teilgenommen hatte, der Sieg und der Siegeskranz zugesprochen. Für diese Farce haben sich die Griechen so sehr geschämt, dass nach dem Tod des Kaisers die 211. Spiele offiziell aus den Listen der abgehaltenen Spiele gestrichen wurde.

Als der byzantinische Kaiser Theodosios die Spiele im Jahre 393 n. Chr. endgültig verbot, waren in einem Zeitraum von über tausend Jahren fast dreihundertmal die Spiele veranstaltet worden, und zwar immer am gleichen Ort, in Olympia, in dem schönen Alpheios-Tal, im Westen der Peloponnes.

Die Palaistra von Olympia.

Olympia heute. Der heutige Besucher von Olympia ist in der Regel erst einmal enttäuscht von dem, was er vorfindet. Er ist enttäuscht, weil er im Hinterkopf die riesigen Stadien und Wettkampfstätten der Olympischen Spiele der Neuzeit hat, weil er an die gewaltigen und eindrucksvollen Aufmärsche, Massenveranstaltungen, Demonstrationen, Feiern, Medaillenspiegel und an die Freudentaumel der Olympioniken und ihrer Nationen denkt, aber nur ein kleines Dorf vorfindet, mit einer Straße, die aus aneinandergereihten Restaurants und Souvenirläden zu bestehen scheint, in denen er kräftig Federn lassen kann, weil neben dem üblichen Kitsch auch sehr ansprechende Souvenirs und Geschenke zu haben sind.

Im heiligen Bezirk, der Altis, erwartet den Besucher die nächste Enttäuschung. Er hat sich das weltberühmte Stadion viel größer vorgestellt, und von den vielen Tempeln, Schatzhäusern, Sportanlagen und Standbildern sieht er höchstens noch die Basen, die Fundamente und ein paar wenige wieder aufgerichtete Säulen.

Olympia erschließt sich dem Besucher nicht auf den ersten Blick so wie z. B. das Theater in Epidauros oder die Akropolis von Athen; man braucht für den Besuch der Wettkampfstadt ein wenig Vorbereitung auf das, was man sieht, etwas historisches Wissen und Hintergrundinformationen und ein wenig Ruhe und Beschaulichkeit. Dann aber wird man sehr schnell etwas von dem Geist und der Bedeutung des antiken Olympia und seinen ursprünglich kultischen Spielen begreifen, und die anfängliche Enttäuschung wird sich bei dem Gang durch den heiligen Bezirk unter riesigen, Schatten spendenden Kiefern in innere Bewegtheit und Staunen verwandeln.

Endgültig verfliegt die Enttäuschung, wenn man das neue Museum mit seinen unglaublich reichen und beeindruckenden Funden aus Olympia und Umgebung betritt. Sei es vor der vom Himmel herabrauschenden Siegesgöttin des Paionios, sei es vor dem Hermes des Praxiteles (S. 44), sei es vor den Metopen und monumentalen Giebelfiguren des Zeustempels, sei es vor einem kleinen hochklassischen Bronzepferd, dessen künstlerische und handwerkliche Perfektion besticht, oder vor einer geometrischen Kleinbronze, die im Vergleich zu Kunstwerken ihrer Zeit schon fast monumental zu nennen ist, spätestens hier wird die Enttäuschung in Begeisterung umschlagen, die sich in Olympia eben nicht gleich und spontan einstellt, sondern erarbeitet und in Ruhe erlebt werden will.

Wer genug hat von klassischer Kunst, darf auf dem Rückweg zum Dorf nicht vergessen, einen Abstecher zum alten Museum zu machen, das auf einem kleinen Hügel liegt und von dem aus man einen umfassenden Blick auf die Grabung und ihre Umgebung hat. Es ist ein klassizistischer Bau, der 1883–1885 nach Plänen der deutschen Grabungsarchitekten Adler und Dörpfeld errichtet wurde.

Ebenso schön und sehenswert ist – man mag es kaum glauben – der Bahnhof von Olympia, der gleichfalls gegen Ende des 19. Jahrhunderts in klassizistischem Stil erbaut wurde, als deutsche Ingenieure die wichtigsten Orte auf der Peloponnes durch eine Schmalspurbahn erschlossen und miteinander verbanden. So konnte man schon um die Jahrhundertwende mit der Bahn von Athen nach Korinth, Nauplia, Patras, Pyrgos, Tripoli, Kyparissia, Kalamata und nach Olympia fahren. An der Innenseite der Gleise, die Krupp lieferte, ist auf dem Bahnhof von Olympia zu lesen »B.V.G. Bochum 1891«. Diese Gleise sind nie ausgewechselt worden, werden heute noch von Zügen befahren und belegen daher eindrucksvoll die sprichwörtliche Härte von Kruppstahl.

Obwohl seit 1875 deutsche Archäologen in Olympia graben, war es der Franzose Pierre de Coubertin, der versuchte, die olympische Idee wiederzubeleben. Es gelang ihm, im Jahre 1896 die ersten Spiele der Neuzeit in Athen abzuhalten.

Doch hatten diese Spiele mit den Spielen der Antike nur noch den Namen gemein. Es war eigentlich keine Wiederbelebung, sondern eine völlige Neuschöpfung. Die Spiele waren nun nicht mehr panhellenisch, sondern international, der Festspielort war nicht mehr Olympia, sondern Ort und Land wechselten von Olympiade zu Olympiade, eine Zeit des Waffenstillstands vor und während der Spiele ist Utopie geworden, an die Stelle des Kults trat immer deutlicher der Kommerz, und aus dem Ölbaumkranz wurde eine Goldmedaille.

Eine alte Kultstätte

Früheste Funde in Olympia weisen auf eine erste Besiedlung in mittelhelladischer Zeit. Die mykenische Zeit ist innerhalb des heiligen Bezirks nur mit einer einzigen spätmykenischen Scherbe dokumentiert, doch man fand Häuser und Grabanlagen dieser Epoche außerhalb der Altis, vor allem in der Gegend des neuen Museums. Das Ende der mykenischen Zeit wird in Olympia mit Oxylos in Zusammenhang gebracht, der mit den Nordwestgriechen in Elis einwanderte und hier den Zeuskult einführte, nachdem es an dieser Stelle bereits ältere Kulte gegeben hatte. So wurden auf dem Kronoshügel der Vater des Zeus, Kronos, an dessen südlichem Bergfuß Gaia, Aphrodite, Urania, die Geburtsgöttin Eleithyia, Themis und der Schlangendämon Sosipolis verehrt. Obwohl in Olympia vor allem der Göttervater Zeus verehrt wurde, erhielt er erst im fünften Jahrhundert v. Chr. einen eigenen Tempel, da er als Wettergott ursprünglich im Freien verehrt wurde. Die Göttermutter Hera hingegen, die für den Schutz der Familie und des Hauses zuständig war, wurde bereits sehr früh in Tempeln verehrt. Der älteste Tempel Olympias ist demzufolge der Heratempel, das Heraion, entstanden um 600 v. Chr. Südlich davon liegt das Pelopion, das als mythisches Grab des Pelops gilt.

Im sechsten und fünften Jahrhundert v. Chr. wurden im heiligen Bezirk zwölf Schatzhäuser errichtet, in denen die dorischen Städte Macht demonstrieren sowie wertvolle Weihgeschenke an Zeus vor Witterungseinflüssen schützen konnten. Sie sind meist in Form von kleinen Antentempeln erbaut. Dass dabei so entfernte Orte wie Syrakus und Byzanz beteiligt waren, beweist die überregionale Bedeutung des Heiligtums.

Der bereits in der Antike, aber auch heute noch mit seinen monumentalen Resten eindrucksvollste Bau der Altis ist der große Zeustempel, der zwischen 470 und 456 v. Chr. von dem elischen Architekten Libon errichtet wurde. Für das über zwölf Meter hohe Kultbild hatte man den Athener Phidias verpflichtet. Sein in der ganzen antiken Welt bewundertes Meisterwerk, der thronende Zeus in Gold und Elfenbein, galt als eines der Sieben Weltwunder und stand etwa 800 Jahre in Olympia, bis es nach dem Verbot der Spiele sehr wahrscheinlich nach Konstantinopel gebracht wurde, wo es 475 n. Chr. bei einem Brand zerstört wurde.

Die Säulentrommeln der Tempelperistase liegen noch heute so da, wie sie nach einem Erdbeben im sechsten Jahrhundert n. Chr. einstürzten.

Eine Scherbe des Sophilos, die den Wettkampf im Wagenrennen der homerischen Helden vor Troja zu Ehren des gefallenen Patroklos zeigt.

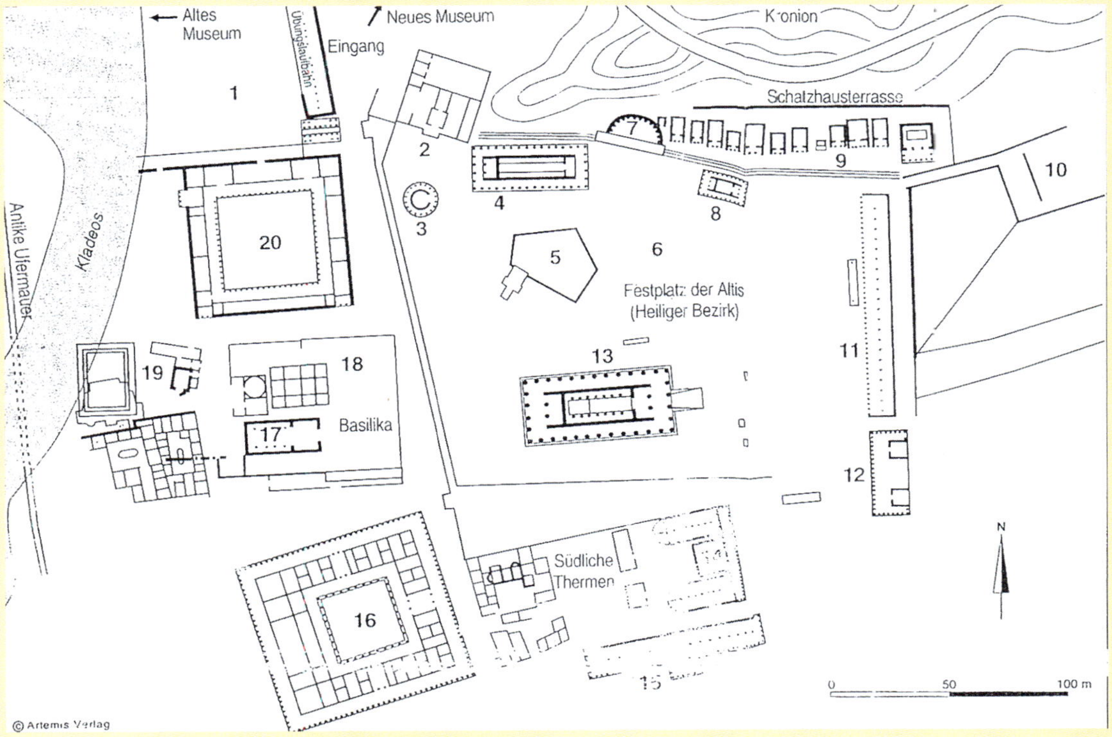

1 Gymnasion
2 Prytaneion
3 Philippeion
4 Heraion (Heratempel)
5 Pelopion
6 Zeusaltar
7 Nymphaeum des Herodes Atticus
8 Metroon
9 Schatzhäuser
10 Stadion
11 Echohalle
12 Heiligtum der Hestia oder Prytaneion der Pisaten
13 Zeustempel
14 Bouleuterion
15 Südhalle
16 Leonidaion
17 Werkstatt des Phidias
18 Theokoleon
19 Griechische Badeanlage
20 Palaistra

Links: Blick auf die wieder aufgerichteten Säulen und Pfeiler im Inneren der Palaistra, einer Sportanlage, in der Disziplinen ausgeübt werden konnten, die keine großen Distanzen erforderten, wie z. B. Ringen oder Boxen. Disziplinen wie Laufen, Speerwerfen oder Diskuswerfen wurden im Gymnasion trainiert. In der Palaistra fanden in Schulungsräumen auch theoretischer Unterricht sowie Vorlesungen in Philosophie statt.

Oben: Olympia. Vor der Echohalle, die den heiligen Bezirk vom Stadion trennt, standen in der Antike zahlreiche Ehrenmale. Das auffallendste und größte waren zwei ca. 10 m hohe Marmorsäulen mit ionischen Kapitellen, auf denen die Statuen des Königs Ptolemaios II. Philadelphos (283–246 v. Chr.) und seiner Schwestergattin Arsinoe standen. Die Säulenbasis und ein Kapitell sind erhalten und stehen heute an dem ursprünglichen Platz ihrer Aufstellung.

Links: Das Nymphaeum des Herodes Atticus. Im Heiligtum von Olympia hat es immer Trinkwasserprobleme gegeben. Umso wohltuender war das Geschenk des Athener Multimillionärs Herodes Atticus, der zu Ehren seiner Frau Regilla, die als Priesterin der Demeter Chamyne als einzige verheiratete Frau den Spielen zuschauen durfte, am Hang des Kronos-Hügels eine gigantische Brunnenanlage, ein Nymphaeum, errichten ließ. Das Wasser für die Becken und Wasserspiele, mit dem das ganze Heiligtum versorgt werden konnte, kam über gemauerte Kanäle von den östlich gelegenen Hügeln. Das Nymphaeum überragte alle anderen Bauten an dieser Stelle und war mit unzähligen Statuen seiner Familie und den Familienangehörigen des regierenden römischen Kaisers geschmückt.

Rechts: Stylobat und Säulenreste der Südhalle. An ihr führte in der Antike der Prozessionsweg zum Heiligtum vorbei. Es war die Empfangshalle für die aus Elis kommenden Athleten und Hellanodiken.

Unten: Die Säulentrommeln der Peristase des Zeustempels liegen noch so da, wie sie nach einem Erdbeben im 6. Jh. n. Chr. einstürzten.

Linke Seite: Der Durchgang von der Altis, dem heiligen Bezirk, zum Stadion. Für die griechische Architektur ganz ungewöhnlich hat man hier den Durchgang überwölbt. Die genaue Steinfügung ohne jeden Mörtel zeigt, dass die Griechen es durchaus verstanden, Gewölbe zu bauen. Um dieses Gewölbe ein wenig zu kaschieren, hat man zur Altisseite hin eine korinthische Toranlage mit vertikalen Säulen und einem horizontalen Gebälk davor gelegt.

Links: Für den Wettlauf waren im Stadion an den Schmalseiten Startblöcke verlegt. Der Tiefstart war unbekannt, so dass man leicht nach vorne geneigt im Stehen startete. Der Sieger im Stadionlauf (in Olympia 192,25 m) gab der jeweiligen Olympiade seinen Namen.

Das Schulterbild einer schwarzfigurigen Amphora des 6. Jh. v. Chr. aus der Antikensammlung in München (*oben*) zeigt den Wettstreit der laufenden Athleten.

Linke Seite oben: Der frühklassische Ostgiebel des Zeustempels. Es wird der Augenblick unmittelbar vor der mythischen Wettfahrt zwischen Pelops und Oinomaos (s. S. 7) dargestellt. In der Mitte steht – ohne Kopf – Zeus, zu seiner Linken sind Pelops und Hippodameia, zu seiner Rechten Oinomaos und seine Frau Sterope. Es folgen die Gespanne, weitere mythische Figuren und in den Zwickeln die Flussgötter Alpheios und Kladeos.

Linke Seite unten: Der Hermes des Praxiteles, den man im Heraion gefunden hat (*links*). Die Nike des Paionios von Mende stammt aus dem Jahr 425 v. Chr. (*rechts*). Sie stand auf einem 9 m hohen dreieckigen Pfeiler vor dem Zeustempel.

Oben: Auf dem Westgiebel des Zeustempels ist der Kampf der Lapithen gegen die Kentauren dargestellt. Peirithoos, der Fürst der thessalischen Lapithen, hat die Kentauren zu seiner Hochzeit eingeladen. Als der Kentauer Eurytion sich an der Braut vergreift und auch die anderen Pferdemenschen sich auf die Frauen der Lapithen stürzen, kommt es zum Kampf, zur Kentauromachie.

Rechts: Diese Metope aus dem Zeustempel zeigt, wie Herakles – unterstützt von der hinter ihm stehenden Athena – für Atlas das Tragen des Himmelsgewölbes übernimmt, um die Äpfel der Hespesiden zu erhalten (entstanden um 460 v. Chr.).

Oben: Blick von der Palaistra aus auf das Tor des Gymnasions. Das Gymnasion von Olympia ist der erste Bau Griechenlands, bei dem korinthische Kapitelle im Außenbau verwendet wurden.
Nach seinem Sieg bei Chaironeia (338 v. Chr.) ließ der Makedonenkönig Philipp II. mitten im heiligen Bezirk diesen Rundbau zur Verehrung seiner Familie beginnen, den erst sein Sohn Alexander der Große vollendete. Hier standen vom Athener Bildhauer Leocharis geschaffene Standbilder aus Gold und Elfenbein, ein Material, das nur Götterbildern vorbehalten war. Von den Griechen musste das als ein schweres Vergehen empfunden werden. Rundbauten dieser Art waren selten in Griechenland und gehören als Bauidee in das 4. Jh. v. Chr.

Rechts: Eine wieder aufgerichtete Säule des Heraions, des ältesten Tempels von Olympia vom Beginn des 6. Jh. v. Chr. Der Säulenkranz des Tempels bestand ursprünglich aus Holzsäulen, die im Laufe von 800 Jahren nach und nach durch Steinsäulen ausgewechselt wurden. Pausanias hat im 2. Jh. n. Chr. im Opisthodom noch die letzte Holzsäule gesehen. Entsprechend unterschiedlich sind auch die dorischen Kapitelle ausgebildet, die Stilmerkmale von der früharchaischen Epoche bis in die römische Zeit aufweisen. Die hier gezeigte Säule trägt ein archaisches Kapitell mit einem weit zur quadratischen Deckplatte, dem Abakus, ausladenden Kissen, dem Echinus. Die rechteckigen Einlassungen in der Säule trugen Siegerlisten von Frauen. Zwischen zwei Olympischen Spielen wurden Wettkämpfe von Jungfrauen zu Ehren der Hera veranstaltet, die so genannten Heraien. Sie bestanden aus einem Stadionlauf auf verkürzter Distanz. Pausanias schreibt: *Sie laufen auf folgende Art: Sie lassen die Haare hängen, der Chiton reicht ihnen wenig über die Knie, die rechte Schulter zeigen sie bis zur Brust. Zum Wettlauf ist auch ihnen das olympische Stadion angewiesen.*

4 Epidauros – Asklepios und seine wundersamen Heilerfolge

Gesundheit war schon immer eines der höchsten Güter des Menschen. Während wir heute im Falle einer Krankheit in eine Arztpraxis oder ein Krankenhaus gehen, begaben sich die alten Griechen in ein Heiligtum, um durch den Gott Asklepios und seine Arztpriester Heilung zu erfahren.

Statue des Asklepios

Der Mythos. Asklepios war der Sohn des Apollon. Dieser hatte sich mit der Königstochter Koronis eingelassen, die sich aber, nachdem Apollon wieder unter den olympischen Göttern weilte, einem sterblichen Manne zuwandte. Apollon erhielt diese Nachricht durch seinen Lieblingsvogel, den Raben. Das arme Tier traf als Ersten der Zorn des Gottes, denn es wurde von einem ursprünglich weißen in einen schwarzen Vogel verwandelt. In einem Strafgericht tötete dann die Schwester des Apollon, Artemis, die untreue Koronis zusammen mit vielen anderen Frauen des Palastes, indem sie eine Pest über das Land schickte. Überall loderten die Scheiterhaufen, um der Krankheit zu begegnen. Bei der Verbrennung der Koronis aber entnahm Apollon den ungeborenen Sohn aus dem Leib der Toten. Er übergab ihn dem Kentauren Chiron im Pelion-Gebirge, der ihn großzog und die Heilkunst lehrte. Nach einer anderen Version, die vor allem in Epidauros erzählt wurde, war Koronis mit ihrem Vater, der nichts von ihrer göttlichen Schwangerschaft wusste, auf der Peloponnes. Hier in Epidauros gebar sie heimlich den kleinen Asklepios und setzte ihn auf einem Berg aus. Doch eine Ziege säugte das Kind, und ein Hirtenhund bewachte es. Als der Hirte nach seinen Tieren suchte, fand er den Säugling, der von einem göttlichen Glanz umgeben war. Er ließ ihn voller Scheu und Ehrfurcht bei den Tieren, verbreitete aber überall die Kunde, dass dieses Kind einst kranke Menschen gesund machen und sogar Tote wieder zum Leben erwecken werde.

Asklepios wurde tatsächlich ein Heilgott und damit ein Segen für die Menschen. Da Hund und Ziege als Erste für ihn gesorgt hatten, wurden sie ihm heilige Tiere. Als er aber seine ihm zugeteilten Befugnisse überschritt und wirklich einen Menschen vom Tode erweckte, beklagte sich Hades, der Gott der Unterwelt, bei seinem Bruder Zeus. Um die Ordnung auf der Erde wiederherzustellen, tötete Zeus den Asklepios mit einem Blitz. Apollon rächte zwar seinen Sohn, indem er die Kyklopen tötete, die für Zeus die Blitze schmiedeten, musste aber selbst für diese Tat büßen.

Heil bringender Schlaf. Aus dem Totenkult erklärt sich, dass Asklepios als allwissende Schlange, als Vermittler zwischen Toten und Lebenden, weiter verehrt wurde. Ausgehend von Epidauros verbreitete sich im fünften und vierten Jahrhundert v. Chr. sein Kult schnell über die ganze antike Welt von Athen (421/20 v. Chr.) über Pergamon bis nach Rom (293 v. Chr.). Bei den Griechen wurde der Gott bärtig und bekleidet mit einem Mantel, der die rechte Schulter freilässt, dargestellt. Auf der linken Seite stützt er sich auf einen Stab – das Standessymbol der antiken Wanderärzte –, an dem sich eine Schlange emporwindet. Der Äskulapstab (Aesculapius ist die lateinische Form von Asklepios) mit der Schlange ist heute noch das Berufssymbol der Mediziner.

Die Heilung der Kranken erfolgte im Schlaf. Die Patienten legten sich nach einer rituellen Reinigung und einem Opfer an Asklepios zum Heilschlaf im Abaton nieder, jenem Raum, der nur von Priestern und den Kranken betreten werden durfte. Im Traum erschien ihnen der Gott, legte selbst Hand an oder verkündete seine Therapie. In Epidauros – wie auch in vielen anderen Asklepiosheiligtümern – wurden die Patienten unter der Leitung von Arztpriestern vor allem durch psychische Behandlung geheilt. Die Arztpriester wussten schon damals, dass auch bei organischen Erkrankungen psychische Einwirkungen von großer Bedeutung sind. Darüber hinaus zeigen Funde medizinischer Geräte wie Skalpelle, Pinzetten und Schröpfköpfe, dass bereits in jener Zeit auch kleinere chirurgische Eingriffe vorgenommen werden konnten.

Pausanias in Epidauros. Um 160 n. Chr. besuchte ein Reisender namens Pausanias, ein Grieche aus Kleinasien, die Peloponnes. Er hat mit pedantischer Genauigkeit alles aufgeschrieben, was er an Städten, Dörfern, Heiligtümern, Tempeln, Marktplätzen, Häfen, Sportanlagen und vielem anderen selbst besuchte und auch das, was ihm die ortsansässigen Priester und Fremdenführer erzählten. Dieser »antike Baedeker«, die zehn Bücher seiner Reisebeschreibung Griechenlands (acht Bücher allein betreffen die Peloponnes), sind erhalten geblieben und für Archäologen eine ungeheuer wichtige historische Quelle. Ohne seine Werke müssten viele ausgegrabene Stätten namenlos bleiben, viele Tempel würde man nicht einer bestimmten Gottheit zuweisen können, viele ortsgebundene Mythen und Geschichten wären verloren, und viele Namen von Architekten, Malern und Bildhauern würden wir nicht kennen oder erhaltenen Kunstwerken zuordnen können.

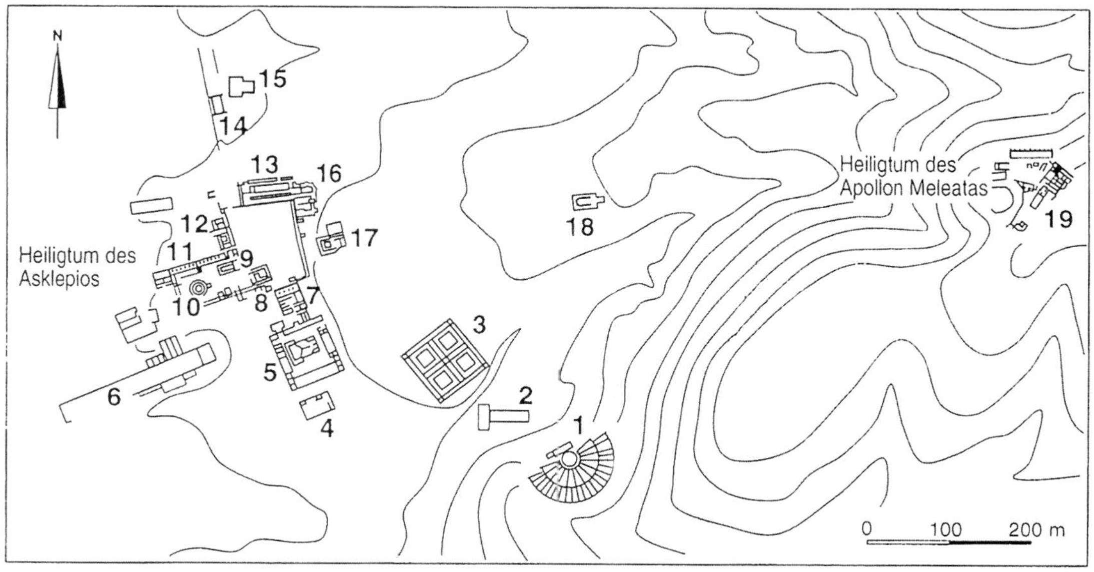

1 Theater
2 Museum
3 Katagogion (Gästehaus)
4 Badeanlage
5 Gymnasion
6 Stadion
7 Palaistra (?)
8 Artemistempel
9 Asklepiostempel
10 Tholos
11 Abaton oder Enkoimeterion
12 Römische Badeanlage
13 Halle
14 Nordpropyläen
15 Basilika
16 Römische Thermenanlagen
17 Römische Villa
18 Aphroditetempel
19 Heiligtum des Apollon Maleatas

Pausanias kam auch nach Epidauros – als Besucher, nicht als Patient – und machte seinen Rundgang durch das Heiligtum. Er zeigte sich sehr beeindruckt und ergriffen besonders vom Theater, dessen Anblick auch heute noch jedem Besucher den Atem stocken lässt. Pausanias schreibt das Theater ebenso wie die so genannte Tholos dem Architekten Polyklet zu.

Pausanias über das Theater des Polyklet:

Die Epidaurier haben in dem Heiligtum ein Theater, das nach meiner Meinung besonders sehenswert ist. Die Theater der Römer übertreffen alle anderen überall durch ihre Ausstattung; das arkadische in Megalopolis tut es durch seine Größe. Welcher Architekt aber könnte wohl hinsichtlich Ebenmaß und Schönheit mit Polyklet wirklich in Wettbewerb treten? Denn Polyklet war es, der sowohl dieses Theater wie auch den Rundbau errichtet hat.

(Pausanias II, 27, 5)

Die Tholos ist – so zeigen die Funde – ein architektonisch wie künstlerisch herausragendes Meisterwerk der Antike. Über die Funktion dieses Rundbaus, von dem heute nur noch ein Fundament übrig ist, können wir nur spekulieren. Da die Tholos in den Bauinschriften auch als Thymele (Opferplatz) bezeichnet wird, liegt nahe, sie mit dem Aksklepioskult in Verbindung zu bringen. Der Rundbau wird auch als Grab des Asklepios bezeichnet, doch dafür gibt es aus der Antike keine Hinweise.

Die in aller Ausführlichkeit erhaltenen Bauinschriften zum Asklepiostempel nennen Theodotos als Architekten. Unter seiner Leitung entstand nach 380 v. Chr. für die Statue des Heilgotts ein dorischer Peripteros mit sechs mal elf Säulen. Der Tempel muss ein außerordentlich reicher und schöner Bau gewesen sein, von dem heute leider nur noch die wenigen Baufragmente im Museum und die Reste von Skulpturen im Nationalmuseum in Athen Auskunft geben könnten.

Eine Beschreibung der ebenfalls nicht mehr existierenden Kultstatue des Asklepios, die in dem Tempel stand, verdanken wir wiederum Pausanias, sodass wir uns zumindest ein Bild von ihr machen können.

Pausanias über die Kultstatue des Asklepios:

Die Kultstatue des Asklepios ist halb so groß wie die des olympischen Zeus in Athen und ganz aus Elfenbein und Gold gemacht. Eine Inschrift besagt, der Künstler sei der Parier Thrasymedes. Er sitzt auf einem Thron, einen Stab haltend, und die andere Hand hat er über dem Kopf der Schlange, und auch ein Hund ist neben ihm liegend dargestellt. (...) Dem Tempel gegenüber ist der Ort, wo die den Gott um Hilfe Bittenden schlafen. In der Nähe ist ein Rundbau aus Marmor errichtet, die so genannte Tholos, sehenswert!

(Pausanias II, 27, 2)

Neben diesen »sehenswerten und unübertroffenen« Bauten vergisst Pausanias nicht, auch auf die kleinen Dinge seinen Blick zu richten und sie zu erwähnen. Es sind die berühmten Stelen, hochkant stehende Steinplatten, auf denen wir die kuriosesten und interessantesten Heilberichte und die Namen der Patienten überliefert finden. Jeder Patient in der Antike konnte sich erst einmal informieren, welche Wunder die Arztpriester und Asklepios selbst schon vollbracht hatten, bevor er etwas tiefer in die Tasche griff und sich der Priesterschaft anvertraute (vgl. Seite 51).

Kur- und Festspielort. Der Besucher heute mag sich wundern, in einem Heiligtum, das vornehmlich von kranken Menschen aufgesucht wurde, ein gewaltiges Theater, ein Stadion und andere Sportstätten wie Gymnasion und Palaistra anzutreffen. Epidauros war eben nicht nur ein Heil- und Kurort, sondern auch ein Festspielort, in dem jährlich musische und sportliche Wettspiele zu Ehren des Asklepios ausgetragen wurden, die so genannten Asklepieia.

Die Theateraufführungen waren für die Zuschauer recht anstrengend. Es wurden immer drei Tragödien aufgeführt mit jeweils einem Satyrspiel dazwischen. Die seelische Erschütterung bei den Tragödien, die die Zuschauer zu Strömen von Tränen und Wehklagen veranlasste, und die dazwischen aufgeführten Satyrspiele, die zu ausgelassenem und fröhlichem Gelächter führten, war für die Zuschauer so etwas wie eine intensive Seelenmassage. »Himmelhoch jauchzend, zum Tode betrübt« (Goethe, Egmont III, 2) – das sind die seelischen Dimensionen, denen die Menschen im griechischen Theater ausgesetzt waren. Erstarrte und verschlossene Seelen öffneten und lockerten sich, umdunkelte wurden hell. Da – wie wir gesehen haben – die seelische Einstimmung für den Heilerfolg im Asklepiosheiligtum die wichtigste Voraussetzung war, ist gut vorstellbar, dass die Theateraufführungen sehr wohl auch im Dienste der Heilung standen.

Blick auf das Stadion von Epidauros. Zu Ehren des Asklepios wurden im Theater musische und im Stadion sportliche Wettkämpfe bei den jährlich stattfindenden Asklepieia veranstaltet. An der östlichen Schmalseite des Stadions sind mindestens zwölf steinerne Sitzreihen nachweisbar, die – wie im Theater – in einzelne Keile unterteilt waren. In der Mitte der südlichen Längsseite befand sich die Ehrentribüne. Ihr gegenüber führte ein überwölbter unterirdischer Gang in das Heiligtum. In römischer Zeit hat auch das Stadion Veränderungen erfahren, sodass nun statt ursprünglich elf Startplätzen nur noch sechs vorhanden waren.

Sie hatten zwar nicht die überregionale Bedeutung wie die Spiele in Olympia, Nemea oder Isthmia, zu denen Besucher und Wettkämpfer nicht nur aus Griechenland, sondern aus der gesamten griechisch besiedelten Oikumene, wie aus Sizilien, Unteritalien, Kleinasien oder den Inseln der Ägäis kamen, aber sie müssen trotz ihrer nur regionalen Bedeutung Massen von Zuschauern angelockt haben. Ein Beleg dafür ist das schon erwähnte riesige und sehr gut erhaltene Theater von Epidauros, das Polyklet gegen Ende des vierten oder zu Beginn des dritten Jahrhunderts v. Chr. erbaute. Darin wurden Tragödien, Komödien und Satyrspiele aufgeführt sowie musische Wettkämpfe, Gesang mit oder ohne instrumentale Begleitung, veranstaltet. Das Theater lehnt sich mit seiner Höhlung an die Flanke des Kynortionbergs an und hatte ursprünglich 34 Sitzreihen, die 6500 Zuschauern Platz boten. Etwa 150 Jahre später wurde das Theater noch einmal um 22 Sitzreihen erweitert und fasste jetzt etwa 13 000 Zuschauer. Obwohl die oberste Sitzreihe nun 59 Meter von der Orchestra entfernt war und der Höhenunterschied 22 Meter betrug, konnte man jedes in der Orchestra gesprochene Wort bis zur letzten Sitzreihe hin verstehen, wofür auch heute gerne noch die Probe aufs Exempel gemacht wird.

Der Asklepioskult hielt sich lange, sogar noch weit in christliche Zeit hinein. So wurde im Athener Asklepieion noch um 484 n. Chr. der Heilschlaf praktiziert. Schon im vierten oder fünften nachchristlichen Jahrhundert wurde in Epidauros am Eingang zum Heiligtum eine große fünfschiffige Basilika erbaut. Der Heilglaube, der mit Epidauros verbunden war und blieb, setzte sich also fort, auch als die antiken Götter dem Christentum weichen mussten. Klug handelten die frühen Christen, die einen so populären Kult nicht einfach als heidnisches Teufelswerk verdammten, sondern mit christlichem Vorzeichen versahen, weiterführten und auf diese Weise antikes Gedankengut bis heute bewahrten. So übernahm in Thessaloniki der heilige Demetrios die Aufgaben des Asklepios, in Rom war es der heilige Bartholomäus.

Steinerne Fallberichte

Innerhalb des heiligen Bezirks standen von alters her viele Stelen, zu meiner Zeit [etwa 160 n. Chr.] noch sechs. Auf ihnen sind die Namen von Männern und Frauen verzeichnet, die von Asklepios geheilt wurden, und dazu die Krankheit, an der jeder litt, und wie er geheilt wurde. Geschrieben ist das in dorischer Sprache.

(Pausanias II, 27, 3)

Diese Notiz des Pausanias wäre für uns so interessant nicht, wenn nicht tatsächlich drei vollständig erhaltene und Bruchstücke einer vierten Stele gefunden worden wären, die in die zweite Hälfte des vierten Jahrhunderts v. Chr. zu datieren sind. Sie standen also mit ihren Inschriften schon länger als 450 Jahre im Heiligtum, bevor Pausanias sie sah und erwähnte. Wenn wir heute diese Heilberichte lesen, will es uns vielfach unwahrscheinlich erscheinen, dass diese öffentlich aufgestellten und für jeden antiken Besucher des Heiligtums lesbaren Berichte auch geglaubt wurden.

Erlösung aus Kindsnöten
Kleo war fünf Jahre schwanger. Als diese schon fünf Jahre schwanger war, kam sie bei dem Gott als Bittfleherin an und schlief im Heiligtum. Sobald sie aus ihm herauskam und außerhalb des Heiligtums war, gebar sie einen Knaben, der sofort nach seiner Geburt sich selbst an dem Brunnen wusch und mit der Mutter herumlief. Als sie das erlangt hatte, ließ sie auf ihr Weihgeschenk schreiben: Wunderbar ist nicht die Größe der Tafel, sondern des Gottes Gnade, dass Kleo im Leibe fünf Jahre die Last hat getragen, bis sie im Heiligtum schlief und er sie gesund gemacht.

Bitte um Kindersegen
Agamede von Keos. Diese schlief wegen Kindersegens im Heilraum und sah einen Traum: Sie träumte, es liege ihr im Schlaf eine Schlange auf dem Bauch. Und hierauf bekam sie fünf Kinder.

Heilung von Augenleiden
Ambrosia von Athen, einäugig. Diese kam als Bittfleherin zu dem Gott. Als sie im Heiligtum herumging, lachte sie über einige von den Heilungen als unwahrscheinlich und unmöglich, dass Lahme und Blinde gesund werden sollen, nachdem sie nur einen Traum gesehen hätten. Als sie im Heilraum schlief, sah sie ein Gesicht: es träumte ihr, der Gott trete vor sie und sage, dass er sie zwar gesund machen werde, aber als Lohn von ihr verlange, dass sie dem Heiligtum ein silbernes Schwein stifte als Erinnerung an ihre Unwissenheit. Nachdem er das gesagt, habe er ihr das kranke Auge aufgeschlitzt und ein Heilmittel eingegossen. Als es Tag geworden, kam sie gesund heraus.

Chirurgischer Eingriff
Euhippos trug eine Lanzenspitze sechs Jahre im Kiefer. Als er im Heilraum schlief, nahm ihm der Gott die Lanzenspitze heraus und gab sie ihm in die Hand. Als es Tag geworden, ging er gesund heraus mit der Lanzenspitze in den Händen.

Wundheilung
Gorgias von Herakleia. Dieser war in der Schlacht durch einen Pfeilschuss in die Lunge verwundet und eineinhalb Jahre so heftig vereitert, dass er siebenundsechzig Schüsseln mit Eiter füllte. Als er im Heilraum schlief, sah er ein Gesicht: es träumte ihm, der Gott nehme ihm die Pfeilspitze aus der Lunge. Als es Tag geworden war, kam er gesund heraus mit der Pfeilspitze in den Händen.

Heilung bei Sprachstörungen
Ein Mädchen, stumm. Als diese im Heiligtum herumlief, sah sie eine Schlange von einem der Bäume im Hain herabkriechen. Voller Furcht schrie sie sofort nach ihrer Mutter und ihrem Vater. Und sie ging gesund weg.

Heilung gegen Murmeln
Euphanes von Epidauros, ein Knabe. Dieser war steinleidend und schlief im Heilraum. Da träumte ihm, Gott trete vor ihn und sage: »Was willst du mir geben, wenn ich dich gesund mache?« Er habe gesagt: »Zehn Klickermurmeln«. Da habe der Gott gelacht und gesagt, er werde ihn erlösen. Als es Tag geworden, kam er gesund heraus.

Tierheilung
Ein Hund heilte einen Knaben von Aigina. Dieser hatte ein Gewächs am Hals. Als er zu dem Gott gekommen war, behandelte ihn einer von den heiligen Hunden im Wachen mit seiner Zunge und machte ihn gesund.

Hilfe bei Kahlheit
Heraieus von Mytilene. Dieser hatte auf dem Kopf keine Haare, am Kinn aber viele. Da er sich schämte, weil er von den andern ausgelacht wurde, schlief er im Heilraum. Ihm salbte der Gott mit einer Arznei den Kopf und ließ ihm wieder Haare wachsen.

Die Priesterschaft von Epidauros hätte diese Heilberichte sicherlich nicht in Stein meißeln lassen und im Heiligtum für alle, die lesen konnten, aufstellen lassen, wenn sie nicht davon ausgehen konnte, dass diese auch geglaubt und ernst genommen wurden. Dass es auch Zweifler gab, sehen wir an der einäugigen Ambrosia von Athen, die aber sehr schnell eines Besseren belehrt wurde. Bestraft wurde auch Aischines für seine Neugier. Er stieg nämlich auf einen Baum, um in den Heilraum zu schauen. Dabei fiel er herunter und verletzte sich beide Augen an spitzen Pfählen. Er bat Asklepios um Verzeihung. Der Gott vergab ihm tatsächlich und machte ihn wieder sehend.

Warum aber tun wir uns so schwer, an diese »Wunder« zu glauben? Vielleicht weil wir den menschlichen Körper, seine Organe und Funktionen bis ins Detail zu kennen glauben und dabei den Einfluss der nicht sichtbaren Seele unterschätzen. Die Griechen jedoch wussten das und überließen sich voller Vertrauen einer suggestiven Heilung, die – so entnehmen wir den Heilberichten – in den meisten Fällen erfolgreich war.

Das Theater von Epidauros. Auch heute noch werden in diesem Theater im August antike Tragödien und Komödien in neugriechischer Übersetzung inszeniert. Eine solche Aufführung an einem lauen Sommerabend, der Tausende von Zuschauern auf den steinernen Sitzreihen gebannt folgen, ist ein Erlebnis, das man wohl nicht wieder vergessen wird, auch wenn der Nichtgrieche vermutlich wenig von dem Text versteht.

Linke Seite oben: Blick auf das römische Odeion von Epidauros, das mitten in ein griechisches Gymnasion hineingebaut wurde. An der Verwendung von Flachziegeln und Mörtel erkennt man die römische Bauweise. Ein Odeion ist ein überdeckter Saal, in dem Konzerte, Vorträge und Rezitationen stattfinden konnten.

Linke Seite unten: Das labyrinthartig angelegte Fundament der Tholos (Rundbau). Vom marmornen Oberbau dieses antiken kultischen Opferplatzes sind einige Fragmente erhalten (diese Seite). 26 dorische äußere Säulen und 14 korinthische innere Säulen trugen das kegelförmige Dach. Die Wände waren ursprünglich innen mit Gemälden des berühmten, aus Sikyon stammenden Malers Pausias geschmückt.
Das Fundament besteht aus drei konzentrischen Mauerringen, mit Gängen dazwischen, die wie ein Labyrinth angeordnet und durch Öffnungen miteinander verbunden waren. Die Funktion ist noch nicht geklärt. Da die mittlere Fußbodenplatte über dem Fundament herausnehmbar war, vermuten viele, dass darunter die heiligen Schlangen des Asklepios gehalten wurden.

Links oben: Korinthisches Musterkapitell vom Innenausbau der Tholos. Dieses Kapitell von außerordentlicher Qualität war nie am Bau versetzt. Es diente den Handwerkern als Muster und wurde nach Vollendung der Tholos gut geschützt durch Bleiumhüllungen vergraben. Es dürfte von Polyklet d. J. stammen, der von Pausanias als Baumeister genannt wird.

Rechts oben: Eckvolute mit einer frei ausgearbeiteten Blüte.

Rechts Mitte: Schmuckbänder vom Innenbau (Decke) der Tholos.

Rechts unten: Medizinische Geräte für kleinere chirurgische Eingriffe.

Oben: Doline von Didyma. In der südlichen Argolis liegen zwei riesige Dolinen. Die Einbrüche sind dadurch entstanden, dass Regen- oder Schmelzwasser das Gestein kreisrund ausgewaschen hat.

Unten: Ein Hirte, der seine Ziegen auf der Straße zu ihren Weidegründen führt. Der Ziegenkäse und das Ziegenfleisch – beides in Griechenland Delikatessen – werden teuer durch die Verstümmelung junger Baumkulturen erkauft.

Rechts: Blick auf Palaia Epidauros. Der malerische Hafenort in einer fast geschlossenen Bucht war der antike Hafen des weltberühmten Asklepiosheiligtums. Auf der Halbinsel, die rechts im Bild erscheint, lag die antike Stadt mit einer ummauerten Akropolis. Erst vor kurzem wurde hier am Fuße des ansteigenden Hügels ein sehr gut erhaltenes, kleines Theater ausgegraben. Am Horizont rechts erkennt man die vulkanische Halbinsel Methana, links die Insel Aigina.

5 Korinth – Wiege des Christentums

Als sich der Apostel Paulus im Jahr 49 durch ein Traumgesicht veranlasst aufmachte, um das Christentum nach Makedonien auf den europäischen Kontinent zu bringen, konnte niemand wissen oder auch nur ahnen, welche Bedeutung dieser Schritt haben sollte. Durch diese Missionsreise brachte er die Botschaft Christi zu Menschen, die in besonderer Weise Schöpfer, Träger und Vermittler unserer eigenen religiösen, geistigen und kulturellen Situation wurden – gemeint sind die Griechen und Römer. Bis heute stoßen wir in unserer christlichen, europäisch durchformten Kulturwelt auf antikes Erbe, sodass dieses Vermächtnis bestimmend wurde für unsere Künste, Wissenschaften und Glaubensformen.

Wäre das Christentum nicht zu den Griechen gelangt, und wären die entscheidenden Schriften wie die vier Evangelien, die Briefe des Apostels Paulus und die Apostelgeschichte des Lukas nicht in griechischer Sprache verfasst worden, die damals eine Weltsprache war, so wäre die Botschaft von Christus wohl kaum über die Bedeutung einer kleinen vorderasiatischen Sekte hinausgewachsen, wie es vielen lokalen Kulturen und Religionen jeder Zeit ergangen ist.

Paulus in Korinth. Das Christentum aber wurde eine Weltreligion, und das ist in erster Linie auf die Missionsreise des Paulus im europäisch-griechischen Mittelmeerraum zurückzuführen. Dabei waren die Erfolge seiner ersten Reise nach Europa keineswegs ermutigend. Wo er predigte, wurde er nach wenigen Tagen meist von seinen eigenen Landsleuten wieder vertrieben, und die Gemeinden, die er in Philippi, Thessaloniki und Beroia hinterließ, bestanden nur aus wenigen getauften Menschen, meist Frauen. In Athen blieb seine berühmte Areopagrede (Apg. 17, Vers 16 ff.) fast ganz ohne Erfolg. Es konnte sich hier keine Gemeinde etablieren. Dafür war er auf seiner letzten Station Korinth umso erfolgreicher.

Paulus traf hier auf ein buntes Völkergemisch aus Römern, Griechen, Juden, Armeniern und anderen Kleinasiaten und auf eine Atmosphäre, wie sie typisch ist für eine neureiche Hafenstadt. Erst Julius Caesar, der die günstige wirtschaftliche und strategische Lage am Isthmus erkannte, hatte die Neugründung der Stadt, die von den Römern völlig zerstört und dem Erdboden gleichgemacht worden war, veranlasst. Etwa hundert Jahre später, als Paulus die Stadt betrat, war Korinth schon wieder eine der reichsten und lebendigsten Metropolen Griechenlands. Hier blühte der Handel, aber auch der Betrug, hier konnte man auf angenehmste Weise das soeben verdiente Geld schnell wieder unter die Leute bringen. Wer etwas erleben wollte, vor allem auf dem Gebiet der Liebe, der musste nach Korinth fahren, denn hier war alles für Geld zu haben. Im ganzen griechischen Sprachraum, d. h. fast im gesamten Mittelmeergebiet, war Korinth so berüchtigt, dass der Satz »nach Korinth segeln« ein synonymer Ausdruck wurde für »ein Liebesabenteuer suchen«. Wenn also in Athen oder sonstwo ein junger Mann sagte: «Heute Abend segle ich nach Korinth«, dann wusste jeder, was das zu bedeuten hatte und dass er nicht wirklich nach Korinth wollte. Im Tempelbezirk der Liebesgöttin Aphrodite auf Akrokorinth, dem gewaltigen, herausragenden Felsklotz, sollen zeitweise – so die antiken Quellen – sogar über tausend Tempeldienerinnen, so genannte Hierodulen, der Göttin auf ihre spezielle Weise gedient und die Männerwelt kräftig zur Kasse gebeten haben. Dass Korinth ein sehr teures Pflaster werden konnte, belegt auch das antike Sprichwort »non licet omnibus adire Corinthum«, es ist nicht allen vergönnt, nach Korinth zu segeln – in jedem Fall nicht denen, die nicht das nötige Kleingeld in der Tasche hatten.

In beiden Briefen an die Korinther warnt Paulus seine gefährdeten Gemeindemitglieder vor Betrug und Unzucht. Zu groß waren wohl noch zu seiner Zeit die Versuchungen in dieser Stadt.

> **Vielmehr schrieb ich euch, ihr sollt nichts zu schaffen haben mit einem, der sich lässt einen Bruder nennen und ist ein Unzüchtiger oder ein Geiziger oder ein Götzendiener oder ein Lästerer oder ein Trunkenbold oder ein Räuber.**
> *(1. Kor. 5,11)*

> **Nicht schreibe ich solches, dass ich euch beschäme; sondern ich vermahne euch als meine lieben Kinder**
> *(1. Kor. 4,14)*

Paulus ging in Korinth – so wie er es in den anderen Städten auch zu tun pflegte – zunächst in die Synagoge, um dort seinen jüdischen Landsleuten von Christus zu erzählen. Aus diesem Grund waren es auch immer erst die Juden, die Anstoß an seiner neuen Lehre nahmen, sich über ihn ärgerten und versuchten, ihn möglichst schnell wieder abzuschieben.

Umso mehr verwundert es, dass Paulus anderthalb Jahre in Korinth blieb. Er lebte hier von seiner Hände Arbeit als Zelt- und Segelmacher, Produkte, die in einer Hafenstadt wie Korinth sicher sehr begehrt waren.

Über seine erste Zeit in Korinth heißt es:

> **Danach verließ Paulus Athen und kam nach Korinth. Und er fand einen Juden mit Namen Aquila, welcher mit seiner Frau Priscilla erst kürzlich aus Italien gekommen war, weil der Kaiser Claudius allen Juden befohlen hatte, Rom zu verlassen. Zu denen ging Paulus; und weil er das gleiche Handwerk gelernt hatte, blieb er bei ihnen und arbeitete mit ihnen. Sie waren Zeltmacher. Und er lehrte in der Synagoge an allen Sabbaten und überzeugte Juden und Griechen.**
> *(Apg. 18,1ff.)*

Leider ist nicht bekannt, wo genau die Synagoge in Korinth stand, dass es aber eine gab, ist außer durch die schriftlichen Zeugnisse wie die Apostelgeschichte auch archäologisch belegt. Man hat einen Stein gefunden mit der Inschrift »(Syn)agoge der Hebräer« und ein Kapitell mit der Menora, dem siebenarmigen Leuchter, im Relief darauf, das sicher in der alten Synagoge verbaut war (heute im Archäologischen Museum von Korinth).

Während seines Aufenthalts in Korinth stießen auch seine Freunde Silas und Timotheos wieder zu Paulus, die er zu Beginn der Missionsreise in Makedonien zurückgelassen hatte. Ihr nicht sehr positiver Bericht über die Situation der jungen Gemeinde im Norden Griechenlands mag Paulus bewogen haben, noch von Korinth aus an seine Glaubensbrüder in Thessaloniki zu schreiben. Sein Brief an die Thessalonicher wurde das früheste Dokument aller Schriften mitsamt den Evangelien, die später in den Kanon des Neuen Testaments aufgenommen wurden.

Auch in dieser weltoffenen Stadt bekam Paulus schließlich Ärger mit seinen Landsleuten, den Juden, den jedoch der weise Prokonsul Gallio, ein Bruder des Philosophen Seneca, aus der Welt zu schaffen wusste, indem er die Anklage einfach ignorierte.

Ohne Erfolg brachten sie Paulus vor das Bema, jenen Ort, wo der Prokonsul die Klagen seiner Untergebenen anhörte und zu Gericht saß. Als die Juden sogar mit einer Prügelei vor dem Richtplatz begannen, kümmerte sich Gallio nicht darum. Noch heute ist dieser erhöhte Gerichtsplatz der Mittelpunkt der Agora von Korinth, und im Gedenken an diese Gerichtsszene erbauten die Christen dort eine kleine Kirche.

Ein korinthischer Silberstater aus dem 4. Jh. v. Chr. (Sammlung des Archäologischen Instituts der Universität Gießen). Auf der Vorderseite erkennt man das Flügelross Pegasos mit dem Buchstaben »Kappa« (für Korinth) unter dem Bauch. Die Rückseite zeigt den behelmten Kopf der Göttin Athena. Rechts davon ein Eber. Beide Bilder erinnern an den Mythos, der sich in Korinth um den Peirene-Brunnen rankt (s. S. 60).

Paulus zieht den Zorn der Juden auf sich:

Als aber Gallio Prokonsul in Achaia war, empörten sich die Juden einmütig wider Paulus und führten ihn vor den Richterstuhl (Bema) und sprachen: Dieser Mensch überredet die Leute, Gott zu dienen, dem Gesetz zuwider. Als aber Paulus den Mund auftun wollte, sprach Gallio zu den Juden: Wenn es ein Frevel oder ein Vergehen wäre, ihr Juden, so würde ich euch zuhören; weil es aber Fragen sind von der Lehre und von Personen und von dem Gesetz unter euch, so sehet ihr selber zu. Ich gedenke, darüber nicht Richter zu sein. Und er ließ sie von dem Richterstuhl vertreiben.
(Apostelgeschichte 18,12ff.)

Obwohl die Juden vor Gericht keinen Erfolg hatten, verließ Paulus nach einem Jahr und sechs Monaten die Stadt Korinth und segelte zusammen mit seinen Gastgebern Aquila und Priscilla nach Kleinasien hinüber, nach Ephesos.

Die Verbindung nach Korinth und dessen Gemeinde ist aber nie abgerissen. Als Paulus etwa zwei Jahre später erfuhr, dass es Uneinigkeit und Streit unter den Gemeindegliedern gab – »Denn es ist mir kund geworden, liebe Brüder, dass Zank unter euch ist« –, ermahnte und tröstete er sie von Ephesos aus in Briefen, von denen uns zwei erhalten sind.

Das antike und mythische Korinth. Auch wenn Korinth etwa hundert Jahre nach seiner Zerstörung durch Julius Caesar wieder neu gegründet wurde, war es keine römische, sondern eine griechische Stadt. Die alten Kulte und Mythen waren nicht vergessen, sondern wurden von den neuen Bewohnern – in der Hauptsache Griechen – wiederbelebt und gepflegt. Der große archaische Apollontempel aus der Mitte des sechsten Jahrhunderts v. Chr., der die Zerstörung überlebt hatte, wurde lediglich in der römischen Kaiserzeit unter August restauriert. Das ist gut an der umgestürzten Säule zu erkennen, die über dem feinen, griechischen Verputz einen gröberen römischen trägt. Nicht nur heute, auch zu Paulus' Zeiten muss er durch seine Monumentalität eine der eindrucksvollsten Bauten der Stadt gewesen sein. Eine Ringhalle von sechs auf fünfzehn monolithischen dorischen Säulen, von denen heute noch sieben aufrecht stehen, umgab die zweigeteilte Cella, in der Apollon mit seiner Schwester Artemis verehrt wurden. In der Nähe des Tempels gab es – so Pausanias – ein Brunnenhaus der Glauke. Ursprünglich wurden vier große Wasserkammern von einer Quelle am Fuße des Burgbergs gespeist. Aus diesen Kammern lief das Wasser durch marmorne Löwenköpfe als Wasserspeier in die davor liegenden Schöpfbecken. Da später der Felsen um den Glaukebrunnen abgetragen wurde, wirkt der Bau, der ursprünglich in den Felsen hineingearbeitet war, heute wie ein riesiger, frei stehender Felsklotz. Doch wer war Glauke?

Jason hatte auf der Argonautenfahrt das Goldene Vlies aus Kolchis rauben können. Die Königstocher Medea, die auch eine zu allem fähige Zauberin war, hatte Jason geholfen und begleitete ihn in seine Heimat. Zurück in Iolkos, übergab Jason das Goldene Vlies seinem Onkel Pelias, blieb aber von der erhofften Herrschaft ausgeschlossen. Doch im Auftrag Jasons nahm Medea an Pelias grausame Rache. Sie zeigte seinen Töchtern die Verjüngung eines alten Widders, den sie in Stücke schnitt und mit Zauberkräutern aufkochte. Die begeisterten Töchter zerschnitten ihren Vater in der gleichen Weise, um auch ihn wieder jung zu machen. Medea aber wandte diesmal ihren Verjüngungszauber nicht an. Von Akastos, dem Sohn des unglücklichen Pelias, wurden Medea und Jason daraufhin aus dem Land vertrieben. Beide flohen nach Korinth, wo sie jahrelang in glücklicher Ehe lebten und zwei Kinder miteinander hatten. Als Jason später Glauke, die Tochter Kreons, des Königs von Korinth, zum Weibe begehrte, fügte sich Medea zum Schein und schenkte ihrer Rivalin ein weißes, aber verzaubertes Hochzeitskleid. Als Glauke es anlegte, verbrannte sie zusammen mit dem ganzen Palast des Jason. Doch damit nicht genug. Medeas Rache ging noch weiter. Sie tötete selbst ihre beiden Söhne, die sie mit Jason hatte, und entfloh in einem Drachenwagen durch die Lüfte nach Athen. Glauke soll sich bei dem Versuch, die brennenden Kleider zu löschen, in diesen nach ihr benannten Brunnen gestürzt haben. Immer wieder ist dieses Thema des Kindermords durch die eigene Mutter Medea von Euripides über Seneca bis hin zu Anouilh in Dramen behandelt worden. Hier in Korinth spielte sich das Drama ab.

Medea beschließt, ihre Kinder zu töten:

Dass ich fort muss, ist gewiss
Minder aber noch, was sonst geschieht.
Denk ich des Unrechts, das ich erlitt,
Des Frevels, den man an mir verübt,
So entglüht in Rache mein Herz
Und das Entsetzlichste ist mir das Nächste. –
Die Kinder liebt er, sieht er doch sein Ich,
Seinen Abgott, sein eignes Selbst
Zurückgespiegelt in ihren Zügen.
Er soll sie nicht haben, soll nicht!
Ich aber will sie nicht, die Verhassten!
(Franz Grillparzer, »Medea«, IV.1)

Noch eine zweite berühmte Brunnenanlage lieferte und liefert bis zum heutigen Tag den Korinthern Wasser. Der Brunnen ist nach der Nymphe Peirene benannt, die um ihren Sohn Kenchrias, der versehentlich von Artemis getötet wurde, so viele Tränen vergoss, dass sie schließlich in eine Quelle verwandelt wurde. Ihrer Bedeutung entsprechend wurde die Brunnenanlage seit dem siebten Jahrhundert v. Chr. immer wieder umgebaut und verändert. Im Wesentlichen repräsentiert der Brunnenvorplatz den Bauzustand des zweiten Jahrhunderts n. Chr. Herodes Atticus, Philosoph, Mäzen und Multimillionär, dessen großzügigen Stiftungen man überall auf der Peloponnes und im übrigen Griechenland begegnet, hat für die prachtvolle und architektonische Neugestaltung der Brunnenanlage gesorgt. Es war aber nicht nur das im Süden lebensnotwendige Wasser, das er hier aufwändig fassen und ableiten ließ, sondern auch die mythische Verpflichtung diesem Ort gegenüber, die Herodes keine Kosten scheuen ließ. An diesem Brunnen pflegte nämlich das Flügelross Pegasos immer seinen Durst zu löschen. Mithilfe der Göttin Athena gelang es Bellerophon, dem Enkel des Sisyphos, dem Flügelross das Zaumzeug anzulegen und es für seine Ziele gefügig zu machen. Daher tragen die antiken Münzen Korinths auf der einen Seite ein Bild der Athena, auf der anderen Seite immer das des Flügelrosses Pegasos (S. 59).

Christen und Heiden. Nach der Zerstörung durch Mummius 146 v. Chr. wurde die »damnatio memoriae« über die Trümmer Korinths verhängt, d. h. niemand sollte sich mehr an die Existenz von Korinth je erinnern. Daher existierte Korinth nach der Zerstörung bis zur Neugründung durch Caesar nicht mehr. Trotz dieser hundertjährigen Unterbrechung sind all diese Mythen lebendig und immer mit ganz bestimmten Plätzen oder Bauwerken Korinths verbunden geblieben. Kein Wunder also, dass auch die ersten Christen dieser Stadt ihre Probleme mit den heidnischen, sprich antiken Kulten und Kultplätzen hatten.

Auch wenn die Bewohner von Korinth sicher nicht hungerten, war Fleisch ein eher seltenes Nahrungsmittel. Man konnte nicht einfach in einen Schlachterladen gehen und seinen Bedarf an Fleisch oder Wurst decken, denn Fleisch diente zunächst einmal als Opfer für die Götter. An bestimmten Festen konnten Hunderte von Rindern, Schweinen oder Schafen einer bestimmten Gottheit geopfert werden. Dann gab es natürlich Fleisch in Hülle und Fülle, denn nur das Wenigste (Haut, Knochen, Teile der Innereien) wurde den Göttern wirklich geopfert und verbrannt. Der Rest wurde unter der Kultgemeinde verteilt oder schlichtweg auf dem Markt verkauft. Hier nun gerieten die ersten Christen in Gewissensnöte. Durften sie den heidnischen Göttern geopfertes Fleisch essen, ohne selbst unrein zu werden? Da sie sich diese Frage nicht beantworten konnten, schrieben sie an Paulus und fragten ihn, ob sie von »Götzenopferfleisch« essen dürften oder nicht. Die Antwort ehrt Paulus.

Von dem Essen des Götzenopfers aber wissen wir, dass kein Götze in der Welt ist und dass kein Gott ist als der Eine.
So haben wir doch nur einen Gott, den Vater, und einen Herrn Jesus Christus. (...) Es hat aber nicht jedermann das Wissen. Denn etliche, weil sie bisher an die Götzen gewöhnt waren, essen es als Götzenfleisch; damit wird ihr Gewissen, weil es schwach ist, befleckt. Aber Speise wird uns nicht Gott wohlgefällig machen. Essen wir nicht, so werden wir darum nichts weniger sein; essen wir, so werden wir darum nicht besser sein. Sehet aber zu, dass diese eure Freiheit nicht gerate zu einem Anstoß für die Schwachen.
(1. Korinther, 8,4-13)

In keiner griechischen Stadt war Paulus so erfolgreich wie in Korinth, auch wenn es Probleme und Streitereien gab, und in keiner anderen Stadt Griechenlands ist Paulus so lange geblieben. Bereits am Ende des vierten Jahrhunderts baut sich die Gemeinde am Lechaion-Hafen die größte Hallenkirche Griechenlands. Eine über sechzig Meter lange, fünfschiffige Basilika mit Narthex, Atriumshof und Baptisterium dokumentiert, mit welcher Vehemenz sich das Christentum hier in Korinth schon in seinem Frühstadium gegenüber vielen anderen Sekten und Religionen durchzusetzen vermochte. Bereits 551 n. Chr. wurde die Basilika durch ein Erdbeben zerstört. An ihre Stelle trat eine zweite Basilika, aber nicht unten am Hafen, sondern oben, wenige 100 Meter östlich der römischen Agora.

Christós ánesti: Das orthodoxe Osterfest. Diese gewaltigen Kirchenbauten stehen im Gegensatz zum Denken des Apostels Paulus, der in der Erwartung der baldigen Wiederkehr Christi lebte. Für ihn sind die Tempel, von Menschenhand aus Stein gebaut, nicht der Wohnsitz des Heiligen Geistes.

Apostel Paulus und die Auferstehung:

Oder wisst ihr nicht, dass euer Leib ein Tempel des Heiligen Geistes ist?
(1. Kor. 6,19)

Ist aber Christus nicht auferweckt worden, dann ist unsere Verkündigung leer und euer Glaube sinnlos. (...) Nun aber ist Christus von den Toten auferweckt worden als der Erste der Entschlafenen.
Da nämlich durch einen Menschen der Tod gekommen ist, kommt durch einen Menschen auch die Auferstehung der Toten. Denn wie sie in Adam alle sterben, so werden in Christus alle lebendig gemacht werden.
(1. Kor. 15,14ff.)

Das orthodoxe Osterfest – Pás'cha – (vom Hebräischen: Passah) übertrifft alle kirchlichen Feste in Griechenland durch die echte Freude, ja Ausgelassenheit, weil Christus den Tod besiegt hat und dem Reich des Todes, dem Hades als Lebender entstiegen ist. Wie alle Menschen musste er – nach antiken Vorstellungen – mit dem Tode in die Unterwelt. Doch er blieb nicht dort. Er überwand den Tod, sprengte alle Schlösser und Türen, die die Unterwelt von der Oberwelt trennen, und erschien am dritten Tage wieder bei uns Menschen, doch nicht allein. Aus dem ewigen Tod und der ewigen Finsternis brachte er Adam und Eva mit ans Licht. Warum gerade diese beiden, die wegen ihres Sündenfalls auf Befehl Gottes durch den Erzengel Michael aus dem Paradies vertrieben worden waren?

Durch ihr Verhalten, was leider durchaus menschlich war, hatten sie sich gegen Gott versündigt. In dem Begriff »Sünde« steckt das Wort »sondern, absondern« also »trennen«. Die Sünde ist demnach nichts anderes als die Trennung von Gott. Wenn Christus nun die beiden ersten Sünder aus dem Reich des Todes erlöst und mit zu uns emporbringt, bedeutet das nichts anderes, als dass die Trennung von Gott, die »Sünde«, damit überwunden ist. Die Nähe zu Gott ist mit Ostern durch den auferstandenen Christus und die ihn begleitenden ersten Sünder Adam und Eva wiederhergestellt. Genau dieser Gedanke ist auf den Ikonen mit der Darstellung der Anastasis, der Auferstehung Christi, bildlich dargestellt. Ikonen sind Bild gewordene Liturgie.

Auf der Osterikone steht Christus in einer Aureole auf den gekreuzten Sargbrettern mit einem Kreuz in der linken Hand über dem dunklen Abgrund des Hades. Mit seiner Rechten zieht er Adam – Eva steht hinter ihm – aus einem Sarkophag und entreißt beide damit der Macht des Todes. Zu beiden Seiten wird das Ereignis begleitet und bezeugt durch Propheten und Könige des Alten Testaments, die in einer Prozession aus zwei Bergeshöhlen kommen.

Die Freude über das Ostergeschehen wird vorbereitet und intensiviert durch das Fasten in der Karwoche. Es muss zwar niemand hungern, aber man hält sich – vor allem mit Fleischgenuss – ein wenig zurück. Umso lustvoller genießt man dann, meist noch in der Nacht, das gebratene Osterlamm und die aus Innereien und Kräutern hergestellte Ostersuppe, die Magiritsa.

Osterikone aus dem 18. Jh. Ikonen dieser Art mit der Darstellung eines der Hauptfesttage des Kirchenjahrs waren in der Regel oben an der Bilderwand, der Ikonostase, wie in einem Bilderfries angebracht. Von dort konnten sie, wenn der dargestellte Festtag nahte, heruntergenommen werden und am Eingang der Kirche auf einem Pult ausgelegt und von den eintretenden Kirchenbesuchern verehrt werden.

Ostern ist gleichzeitig ein großes Frühlingsfest. Jeder Stadtgrieche, und das sind zwei Drittel aller Einwohner, versucht zu Ostern aufs Land, auf eine Insel, in die Berge oder in sein Geburtsdorf zu kommen. Die daraus im Vorfeld des Festes auf den Straßen und Fähren resultierenden Zustände kann man nur als fröhliches Chaos bezeichnen: Die Viermillionenstadt Athen ist so gut wie ausgestorben, und auf den breiten Boulevards, auf denen an normalen Tagen sechs oder acht Fahrspuren in einer Richtung den Autoverkehr Stoßstange an Stoßstange meist vergeblich zu bewältigen suchen, hat man schon daheimgebliebene Taxifahrer gesehen, die mitten auf der Fahrbahn ihr Osterlamm grillten. Apropos Osterlamm. Für diese Tiergattung ist natürlich das Osterfest die schlimmste Zeit – so wie bei uns Martini oder Weihnachten für die Gänse. Jede griechische Familie möchte zu Ostern Lamm oder noch besser Zicklein essen.

Biblisches Osterlamm:

Aber am ersten Tage der ungesäuerten Brote traten die Jünger zu Jesu und sprachen zu ihm:
Wo willst du, dass wir dir bereiten das Osterlamm zu essen?
(Matthäus 26,17)

Wer je die Möglichkeit hat, sollte an einer orthodoxen Liturgie in der Osternacht teilnehmen. Die Liturgie steigert sich aus dem stundenlangen Trauern um Jesu Tod bis zu dem alles erlösenden Ruf um Mitternacht: Christós anésti – Christus ist auferstanden –, den man beantwortet mit: alithós anésti – er ist wahrhaftig auferstanden. Der Osterhymnus, der sich in der Liturgie nun immer wiederholt, muss jeden, der eine Osternacht in der Kirche miterlebt, berühren: »Christus ist von den Toten auferstanden. Durch seinen Tod zertrat er den Tod und schenkte den in den Gräbern Liegenden das Leben!«

Der Pfarrer, der sich mit der brennenden Osterkerze vom Altar nun den Gläubigen zuwendet, wird von den Menschen fast überrannt. Jeder möchte seine mitgebrachte Kerze an der Osterkerze, dem Osterlicht, entzünden, um dieses Licht dann gut behütet und möglichst unversehrt nach Hause zu bringen, wo eine Öllampe in der Ikonenecke damit entzündet wird. Das Osterlicht ist von ganz besonderer Bedeutung und Heiligkeit. Es soll den Menschen das ganze Jahr über leuchten und an Ostern erinnern.

Die sieben dorischen Säulen des Apollontempels von Korinth. Vor der Kulisse des steil ansteigenden Burgbergs von Akrokorinth gehören die sieben noch aufrecht stehenden Säulen des archaischen Apollontempels (etwa 530 v. Chr.) mit zum Eindrucksvollsten, was aus der griechischen Antike in Korinth erhalten geblieben ist. Er liegt auf einem Felsplateau mehrere Meter über dem Niveau der Agora. Es war ein lang gestreckter Peripteros mit jeweils 15 und 6 Säulen auf den Längsseiten bzw. den Querseiten, die als Ganzes aus dem Steinbruch herausgeschlagen worden sind, also Monolithe und nicht aus einzelnen Trommeln zusammengesetzt sind. Aufgrund ihres Proportionsverhältnisses (Höhe = 4,15-fache des unteren Durchmessers, Zeustempel in Olympia das 4,70-fache, Parthenon in Athen das 5,48-fache) wirken die Säulen sehr wuchtig und kompakt. Es sind die gedrungensten des griechischen Mutterlandes.

Rechts: Gegenüber der mächtigen Festungsanlage von Akrokorinth in westlicher Richtung liegt auf einem spitzen Bergkegel das fränkische Kastell von Penteskouphi. Hier wurden bemalte Tontäfelchen (Pinakes) aus dem 7.und 6. Jh. v. Chr. gefunden.

Diese Seite oben: Reste des Tempels der Octavia, der Schwester des Kaisers Augustus, die hier stellvertretend für die »Gens Iulia« verehrt wurde. Eines der korinthischen Kapitelle, die heute wieder mit darüberliegenden Gebälkteilen auf den Säulenstümpfen aufgestellt sind.

Oben: Architravblöcke auf den dorischen Kapitellen des Apollontempels.

Oben: Vor dem Museum von Korinth sind Beispiele verschiedener Kapitellformen (dorisch, ionisch und korinthisch) aufgestellt. Sie dokumentieren die Vielfalt der Bauordnungen in dieser Stadt.

Mitte: Das Baptisterium der frühchristlichen Basilika am Lechaion-Hafen.

Unten: Byzantinische Kapitelle dieser Basilika, die mit ihren Voluten und Akanthosblättern noch völlig in der Tradition der Antike stehen.

Oben: Das Kapitell mit der Darstellung des siebenarmigen Leuchters, der Menora, belegt, dass es in Korinth eine Synagoge gegeben hat. Das Vorhandensein einer Synagoge war für den Apostel Paulus eine Voraussetzung seiner Missionsarbeit.

Unten: Eine frühchristliche Marmorplatte mit der Darstellung eines Kreuzes, auf dem zwei Pfauen sitzen, wurde auf dem Bema gefunden, jenem Ort, an dem der römische Prokonsul Gallio die Beschwerde der Juden gegen den Apostel Paulus abgelehnt hatte und an dem später eine kleine Kirche erbaut worden war.

Liturgische Handlungen zum Osterfest.

Oben: Das Kruzifix wird mit Frühlingsblumen geschmückt.

Unten: Der Papas beim Singen der Liturgie und bei der Kreuzabnahme

Rechts: Kniende und betende Gläubige folgen den Riten und liturgischen Handlungen der Pfarrer.

Zeugnis orthodoxer Frömmigkeit: Die Straßenkapellchen

Eine besondere Ausdrucksform christlich-orthodoxer Frömmigkeit sind die auf der Peloponnes allgegenwärtigen Straßenkapellchen. Die kleinen Ikonenhäuschen sind für den Reisenden nicht zu übersehen; man findet sie in verschiedensten Formen und Ausgestaltungen in großer Zahl an den Straßen und Wegen, an Kreuzungen, oben auf Berggipfeln, unten am Meer, an Häusern, sogar an Militärkasernen, einfach überall. Auf Griechisch heißen sie »proskynetari« (Plural: proskynetaria), von dem Verb »proskyno« abgeleitet, was so viel wie »demütig und kniefällig etwas verehren« heißt. Diese Proskynetaria wirken oft etwas verkommen und urig, enthalten aber immer eine Ikone – meist aus Papier –, Olivenöl, eine Öllampe und Streichhölzer, die den Vorübergehenden auffordern, sein Kreuz zu schlagen, die verloschene Lampe wieder anzuzünden oder ein Geldstück für neues Öl zu hinterlassen. Dabei stört den orthodoxen Gläubigen überhaupt nicht, wenn das Olivenöl in Wasser- oder Coca-Cola-Flaschen aufgehoben wird und direkt neben der Ikone der Muttergottes oder eines Heiligen die Putzmittelflasche aus Plastik steht.

Warum gibt es die Proskynetaria in dieser Fülle und Formenvielfalt nur in Griechenland und besonders auf der Peloponnes? Warum ist diese Erscheinung ausschließlich ein griechisches Phänomen? Mit dem orthodoxen Glauben allein ist es nicht zu erklären, denn in anderen orthodoxen Glaubensbereichen wie in Russland oder dem gesamten Balkan finden wir dieses Phänomen in dieser Ausprägung nicht. Wieder ist der Grund in der Antike zu suchen.

Wir kennen die alten Griechen als eines der bilderfreundlichsten Völker. Sie ließen ihre Götter, Göttinnen und Heroen, die sie ja nie mit eigenen Augen gesehen hatten, menschliche Gestalt annehmen und in Bildern anwesend sein. Der gesamte griechische Mythos ist auf Vasenbildern, Tempelfriesen, Statuen und Reliefs Bild geworden und damit anschaulich und für Menschen mit Händen begreifbar. Als die Griechen Christen wurden, hat die Kirche in bewusster Toleranz viel Antikes bewahrt oder nur geringfügig umgewandelt. Dazu gehört auch der Wunsch, abstrakte Vorstellungen möglichst konkret darzustellen, nicht nur den Verstand in Glaubensdingen zu bemühen, sondern auch Auge und Ohr, Nase und Mund, Hände und Herz. Daher wundert es nicht, dass die Bilderverehrung, die Ikonenverehrung im orthodoxen Christentum gerade in Griechenland ihren Ursprung hat. Stellten die alten Griechen das Leben und Wirken ihrer Götter in gewaltigen Bildprogrammen dar, so verfuhren die christlichen Griechen nicht anders. In oft ähnlich großen Bildprogrammen werden an den Wänden der Kirchen, an den Ikonostasen und auf den Ikonen nun Christus, seine Mutter, Propheten, Heilige und die mit ihnen überlieferten Geschichten dargestellt. Wenn fromme Christen die Ikonen küssen, so gilt ihre Verehrung nicht dem Bild, dem Stück Holz oder Papier, sondern immer dem, der auf dem Bild dargestellt ist. Die Ikone ist wie ein Fenster, durch das man mit seinen Bitten oder seinem Dank zu dem dargestellten Urbild vordringen kann. Aber nicht nur die Menschen können so Kontakt zu den Heiligen aufnehmen, sondern auch ein Heiliger kann durch seine Ikone zu den Menschen sprechen.

Der griechisch-orthodoxe Mensch hat also einen viel engeren, persönlicheren Kontakt zu seinem Gott und zu seinen Heiligen. Überall kann er zu ihnen sprechen oder von ihnen angesprochen werden, daheim vor seiner Ikonenecke, die in jedes Haus gehört, in der Kirche oder auf der Straße vor eben jenen Ikonenhäuschen, den Proskynetaria, die in so großer Zahl überall im Lande zu finden sind. Man sollte daher auch nicht glauben, dass überall dort, wo sie stehen, Autounfälle passiert seien, Menschen verletzt oder gar zu Tode gekommen sind – auch wenn sie vermehrt an besonders gefährlichen Kurven stehen. Nein, die bilderfreundlichen Vorfahren der Antike sind der Grund, dass ihre Nachkommen überall an den Straßen, Ecken, Kreuzungen, Häusern, Weinbergen, am Meer oder auf Berggipfeln solche »Ansprechstellen« geschaffen haben, an denen der Mensch leichter zu Gott und den Heiligen eine Verbindung findet, um mit ihnen zu reden, ihnen zu danken oder sie um etwas zu bitten.

6 Lakonien – der wilde Süden

Unabhängig von welcher Seite sich der Besucher dem legendären Sparta nähert, wird er zunächst einmal durch die gewaltige Landschaft in Atem gehalten. Westlich des Tals, das der Eurotas geschaffen hat, erhebt sich der wilde und alles beherrschende Taygetos mit seinen fast 2500 Meter hohen Gipfeln, während im Osten der nicht ganz so hohe und etwas freundlicher wirkende Parnon (1900 Meter) das Tal begrenzt.

Einer der bekanntesten griechischen Schriftsteller, Nikos Kazantzakis, beschreibt eindrucksvoll seine Empfindungen angesichts der Landschaft um Sparta:

> **Allmählich sah ich mit eigenen Augen, berührte mit den Händen das, was man in Gedanken nicht sehen und berühren kann; nämlich, wie Kraft und Grazie sich verbinden. Nirgendwo sonst, glaube ich, haben sich diese beiden Teile des vollkommenen Ganzen, Mars und Venus, so natürlich vereint, wie im strengen und lächelnd-freundlichen Griechenland, wo die Landschaft hier herb, ernst und stolz, dort weiblich und voller Zärtlichkeit, heiter und anmutig ist. Eine solche Quelle, der Zartheit und Rauheit zugleich entspringen, ist Sparta. Als unnahbarer, harter Gesetzgeber, voll steiler Abgründe, steht vor einem das Taygetos-Gebirge; und unten zu seinen Füßen, fruchtbar, verlockend, streckt sich die Ebene hin wie eine liebende Frau. Auf der einen Seite der Taygetos, der Sinai-Berg Griechenlands, auf dem der unbarmherzige Gott die härtesten Gebote diktierte: »Das Leben ist Krieg, die Erde ein Heerlager, zu siegen ist die einzige Pflicht. Schlafe nicht, schmücke dich nicht, lache nicht, rede nicht, eines nur ist dein Ziel, der Krieg: kämpfe!« Auf der anderen Seite zu Füßen des Taygetos, Helena. In dem Augenblick, da du aufbegehrst und die Lieblichkeit der Erde verachten willst, verwirrt plötzlich Helenas einem blühenden Zitronenbaum gleichender Atem deine Gedanken.**
>
> *(Nikos Kazantzakis, »Im Zauber der griechischen Landschaft«, München 1980, S. 8 ff.)*

Spartanische Ideale. Einwandernde Dorer vertrieben oder unterwarfen die hier seit mykenischer Zeit nachweisbare einheimische Bevölkerung und gründeten zwischen 950 und 900 v. Chr. durch Zusammenlegen von fünf Dörfern die Stadt Sparta. Hier sollte sich, geschützt von den hohen Bergketten ringsum, ein Staatsgebilde entwickeln mit der wohl eigenartigsten Gesellschaftsform auf griechischem Boden. Während alle anderen Städte Griechenlands im Lauf der Zeit einem normalen und unausweichlichen Wandel in der Staatsform und der Staatsgeschichte ausgesetzt waren, blieb Sparta durch eisernen Konservatismus über 700 Jahre von jeglichem Wandel verschont, was schon in der Antike zu staunender Anerkennung wie auch zu bissigem Spott führte. Die Spartaner widersetzten sich jeder Neuerung, jedem Wandel und jeder Versuchung durch Annehmlichkeiten, die ihnen vor allem die Athener vorlebten.

Zwei Könige, die Gerusia (Rat der Alten), die Ephoren (Vorsteher der fünf Dörfer) und die Apella (Heeresversammlung der Spartiaten) regelten das Zusammenleben der Menschen und das Funktionieren des Staatsgebildes, dem jede persönliche Freiheit untergeordnet wurde. Die waffenfähigen Männer lebten in einer streng reglementierten kriegerischen Gemeinschaft, die vor dem individuellen Leben absoluten Vorrang hatte. Bereits mit sieben Jahren wurden die Kinder, Mädchen wie Jungen, der Obhut ihrer Familien entzogen und einem strengen sportlichen und kämpferischen, jedoch auch musischen Trainingsprogramm unterworfen. Im Heiligtum der Artemis Orthia, der man in grauer Vorzeit auch Menschen geopfert hatte, wurden nun junge Spartaner bis aufs Blut gegeißelt. Zum einen sollte dieser Ritus zur Härte und zum klaglosen Ertragen von Schmerzen erziehen, zum anderen galt das auf den Altar gespritzte Blut als Ersatz für die Menschenopfer an die Göttin. Reste des Tempels und des Altars sind erhalten. In römischer Zeit, als diese rituelle Geißelung junger Epheben nur noch Schaucharakter hatte, wurde über der Anlage ein kleines Theater errichtet.

Oben: Ein Grabrelief klassischer Zeit im Museum von Sparta.
Links: Blick auf den Gipfel des Taygetos.

In ihrer strengen militärischen Ausbildung lernten die jungen Menschen bedingungslos zu gehorchen, zu befehlen und sich in der Rede kurz zu fassen. Als nach dem fast dreißigjährigen Peloponnesischen Krieg der spartanische Feldherr Lysander in Sparta den Sieg über Athen mit den Worten meldete: »Athen ist erobert«, erhielt er von den Ephoren ob seiner ausschweifenden Rede den tadelnden Hinweis: »Eroberung genügt«. Noch heute bezeichnet »lakonisch« eine besonders kurze, aber treffende Art des Ausdrucks.

Durch die vorgeschriebene Isolation und wirtschaftliche Autarkie – jeder Spartaner besaß nur sein ihm vom Staat zugeteiltes Stück Land (Kleros), das von den Heloten (Staatssklaven) bewirtschaftet wurde – konnten sich die Männer ausschließlich ihren militärischen Idealen zuwenden und auch in Kriegszeiten sicher sein, dass Frau und Kinder keinen Hunger litten. Handel, Feldarbeit und Besitz von Gold oder Silber waren für die Spartaner bei Todesstrafe verboten. Da aber jeder Mensch auch ein wenig Freude im Leben braucht, hatte schon Spartas legendärer Gesetzgeber Lykurgos, auf den die meisten der zwischen dem neunten und sechsten Jahrhundert v. Chr. entstandenen staatlichen und sozialen Einrichtungen zurückgeführt werden, in seinem an sich strengen Gesetzeswerk festgelegt, dass als Ausgleich den Männern Gelegenheit zu Jagd, Sport, Tanz und Chorgesang gegeben werde. Von den spartanischen Dichtern Tyrtaios und Alkman sind lyrische Gedichte und Chorlieder aus dem siebten Jahrhundert erhalten. Während Tyrtaios vor allem Kampfgesänge schrieb, haben wir Alkman einige anmutige Chorlieder zu verdanken, die so gar nicht zu der spartanischen Geisteshaltung passen wollen. Und doch war Alkman in Sparta hoch geehrt und erhielt nach seinem Tode ein Ehrengrab neben Herakles und Helena. Eine starke Gemütsbewegung, ja fast Melancholie, zeigt sich auch in einem spartanischen Grabrelief des fünften Jahrhunderts v. Chr., auf dem – einmalig und ganz ungewöhnlich für Reliefs dieser Gattung – ein in Trauer versunkener Jüngling dargestellt ist.

Aus einem Gedicht Alkmans, das er als altersschwacher Greis geschrieben hat:

> **Nicht mehr, ihr jungfräulichen Sängerinnen mit lieblicher Stimme, vermögen die Glieder mich zu tragen. Ich wünschte mir sehnlichst, möwengleich mit dem Weibchen zu gleiten auf den Kronen der Wogen, seelenruhig als purpurdunkler Bote des Frühlings.**
> *(aus: »Griechische Lyriker«, Zürich, 1949, S. 85)*

Erst im Jahr 371 v. Chr. wurde die unbestrittene Vorherrschaft Spartas auf der Peloponnes durch eine vernichtende Niederlage bei Leuktra (nahe dem boiotischen Theben) durch den thebanischen Feldherrn Epaminondas beendet. 150 Jahre später nach einer weiteren Niederlage bei Sellasia, direkt vor den Toren Spartas, betrat mit dem Makedonen Antigonos zum ersten Mal ein Sieger die Stadt und beendete das Doppelkönigtum. Damit zerbrach die alte Staatsform, und durch die nun folgenden Tyrannen – vor allem Nabis – wurden die umliegenden Städte und Gemeinden ermutigt, von Sparta abzufallen und einen eigenen Städtebund, den der Eleutherolakonen (freie Bewohner Lakoniens) zu gründen. Auch von den Spartanern selbst, denen die

Im Hof der Metropoliskirche von Mistra. Über den Arkaden des nördlichen Baus sind antike Skulpturen vermauert, darunter diese weibliche Gewandstatue aus hellem Marmor mit Chiton und Obergewand nach einem Original des frühen 4. Jh. v. Chr., die einen rohen, wie aus Holz geschnitzten byzantinischen oder fränkischen männlichen Kopf trägt (s. S. 77).

Selbstherrlichkeit der Tyrannen zuwider war, erhielt dieser Bund regen Zulauf.

146 v. Chr. eroberten die Römer Sparta. Die einstige Größe der Stadt und die von ihnen sehr bewunderte Staats- und Lebensform lockte viele reiche Römer hierher. Sie bauten aufwändige Villen und Thermenanlagen, renovierten alte oder zerfallene Tempel und versuchten, die alten Kulte und ihre Plätze wieder zu beleben. 395 zerstörte Alarich mit seinen Westgoten die Stadt endgültig, die danach zu einem bedeutungslosen Dorf wurde. Sic transit gloria mundi, so vergeht die Herrlichkeit der Welt! Als sich im 13. Jahrhundert die nahe gelegene Burg Mistra zur Stadt erweiterte, zogen die letzten Bewohner Spartas in die mehr Sicherheit bietende Bergstadt.

Mistra – ein mittelalterliches Juwel. Etwa sechs Kilometer östlich von Sparta, auf einem 621 Meter hohen und sehr steilen Ausläufer des Taygetos, liegt die Bergstadt Mistra. Es ist fast ein Wunder, dass sich in diesem abgelegenen Winkel der Peloponnes im 13. Jahrhundert eine Stadt entwickeln konnte, die in ihrem Glanz und ihrer Bedeutung an die Hauptstadt des Byzantinischen Reiches, Konstantinopel, heranreichte und die zu einer Brücke wurde zwischen dem griechisch-orthodoxen Osten und dem lateinisch-katholischen Westen, vor allem Italien.

Im Jahr 1204 wurde Konstantinopel von fränkischen Rittern und Venezianern erobert. Die wohl christlichste Stadt mit den schönsten und ehrwürdigsten Kirchen wurde auf dem unseligen vierten Kreuzzug (1202–1204), der ja eigentlich andere Ziele hatte, nämlich das Heilige Grab von den »Ungläubigen« zu befreien, zerstört und geplündert. Der byzantinische Kaiser wurde vom Thron vertrieben und durch ein lateinisches Kaisertum unter Balduin von Flandern ersetzt. Schon bald danach eroberten fränkische Ritter auch den Rest der Peloponnes, setzten sich hier fest und errichteten eindrucksvolle Burgen, um ihre Herrschaft in einem für sie fremden Land zu sichern. Im Jahr 1246 übernahm Wilhelm II. von Villehardouin als Fürst von Achaia die fränkische Herrschaft von seinem Bruder Gottfried, der kinderlos gestorben war. Als er die Herrschaft antrat, saßen die Franken schon 41 Jahre auf der Peloponnes. Nachdem er die als uneinnehmbar geltende Burg Monemvasia von den Byzantinern erobert hatte, ging er daran, in der Nähe von Sparta, das damals Lakedaimon hieß, auf dem Gipfel eines steilen Berges ein Kastron, eine Burg, zu bauen, und er nannte sie Misithras. Doch er sollte sich nicht lange an dieser stolzen Festung freuen. Schon elf Jahre später, im Jahre 1259, fiel er in der Schlacht bei Pelagonia (Makedonien) seinen byzantinischen Gegnern unter dem Exilkaiser Michael VIII. Palaiologos in die Hände. Er konnte sich drei Jahre später nur durch den Verzicht auf die Herrschaft über die Peloponnes und die Herausgabe seiner Lieblingsburgen Monemvasia und Mistra die Freiheit wieder erkaufen.

Inzwischen hatte der byzantinische Kaiser – seit 1261 wieder auf dem Thron in Konstantinopel – seinen Bruder Konstantinos als Strategen (Statthalter) über die Peloponnes eingesetzt, der sich Mistra zu seiner Residenz erkor. Die Übernahme durch die Byzantiner und die spätere Erhebung (1348) zum kaiserlichen Despotat Morea ließen die Stadt erblühen. Die Bevölkerung von Lakedaimonia (Sparta) zog sich in die sichere Bergfeste Mistra zurück, was zu einer völligen Verödung der alten Stadt Lakedaimonia und gleichzeitig zu einer erheblichen Erweiterung Mistras führte. Statthalter über die Peloponnes zu sein hieß jedoch nicht, dass die ganze Pelops-Insel unter byzantinischer Herrschaft stand. Die Auseinandersetzungen mit den Franken im Westen und Norden der Halbinsel und mit den Venezianern und Genuesen an den stark befestigten Küstenplätzen wie Methoni und Koroni gingen weiter. Und obwohl die folgenden Jahrhunderte – was die Herrschafts- und Besitzverhältnisse betraf – der Peloponnes keine Ruhe brachten, konnte sich Mistra wirtschaftlich, vor allem dank der Seidenindustrie, politisch und kulturell zu einer bedeutenden Stadt entwickeln.

1341 usurpierte Johannes VI. Kantakuzenos den Kaisertitel als Mitherrscher für Johannes V. Palaiologos. Um sich einen zweiten Herrschaftsbereich zu sichern, schuf er 1348 das Despotat Morea mit Sitz in Mistra. Als ersten Despoten setzte er 1349 seinen Sohn Manuel auf Lebenszeit in sein Amt ein. In seiner 31-jährigen Regierungszeit gelang es ihm, im Despotat Frieden und Ruhe zu sichern, was Mistra einen großen Aufschwung bescherte.

1384 gab es einen Dynastiewechsel. Von nun an saßen wieder Palaiologen auf dem Thron in Konstantinopel und in Mistra. Die Stadt entwickelte sich unter den Palaiologen (Theodoros I. 1384–1407, Theodoros II. 1407–1443, Konstantinos Dragases 1443–1448 und Demetrios Dragases 1448–1460) zu einem glanzvollen Ableger der byzantinischen Hauptstadt am Bosporus. Die vielfältigen wirtschaftlichen und geistigen Beziehungen zum Westen, besonders nach Italien und Frankreich, schufen hier eine fruchtbare Begegnungsstätte zwischen abendländischem und byzantinischem Kulturbereich, sodass Mistra in der geistigen, kulturellen, politischen und wirtschaftlichen Entfaltung zum Teil sogar die Hauptstadt überflügeln konnte. Wie eng die Beziehun-

Blick über die Evangelistriakirche von Mistra auf Sparta und das Parnon-Gebirge. Die Kirche, die etwa vom Ende des 14. Jh. stammt, zeigt die im Plan klarste Form einer Kreuzkuppelkirche. Sie liegt auf der gleichen Höhe wie die Theodorenkirche und die Afendikokirche.

gen des byzantinischen Mistra zum abendländischen Kulturkreis waren, erkannte Johann Wolfgang von Goethe, als er die Begegnung von Faust und Helena gerade hier in Mistra stattfinden ließ. Auch dies eine Begegnung von Gegensätzlichem, denn Faust als Ritter charakterisiert den abendländischen Bereich, während Helena dem griechischen Osten zugeordnet ist.

Wir sehen Mistra deutlich vor uns, wenn Goethe, der sich sehr intensiv mit der Geschichte und Topographie dieser Stadt beschäftigt hat, im zweiten Teil des Faust (V. 8994 ff.) durch die hässliche Phorkyas – die weibliche Inkarnation des Mephistopheles – sagen lässt:

So viele Jahre stand verlassen das Talgebirg,
Das hinter Sparta nordwärts in die Höhe steigt,
Taygetos im Rücken, wo als muntrer Bach
Herab Eurotas rollt und dann, durch unser Tal
An Rohren breit hinfließend, eure Schwäne nährt.
Dort hinten still im Gebirgtal hat ein kühn Geschlecht
Sich angesiedelt, dringend aus kimmerischer Nacht
Und unersteiglich feste Burg sich aufgetürmt,
Von da sie Land und Leute placken, wie's behagt.

Doch inzwischen war das aus »kimmerischer Nacht« dringende kühne Geschlecht der Franken aus Mistra vertrieben. Griechen bewohnten die Stadt. Eine ihrer hervorragenden Persönlichkeiten im 15. Jahrhundert war der Philosoph Giorgos Gemistos (oder Plethon, wie er sich selber nannte). Als besessener Verehrer des Altertums gründete er am Hof des Despoten Theodoros II. eine neuplatonische Schule mit der Absicht, eine Rückkehr zum Heidentum zu erreichen und damit einen platonischen Idealstaat zu gründen. Wenn es diesem Eiferer auch nicht gelang, das Rad der Geschichte fast zweitausend Jahre zurückzudrehen, so war sein Einfluss auf die humanistischen Strömungen in Italien und Deutschland doch sehr groß. Plethons Wirken führte letztlich auch dazu, dass Cosimo de' Medici 1459 in Florenz die Platonische Akademie ins Leben rief und die Accademia antiquaria in Rom entstehen ließ. Seine bedeutendsten Schüler waren der Kardinal Bessarion (1395–1472) und Hieronymos Charitonymos, der 1467 nach Rom und Paris ging, wo er unter anderen auch Johannes Reuchlin und Erasmus von Rotterdam unterrichtete. Als Plethon 1452 starb, verweigerte die Kirche ihm ein Begräbnis in geweihter Erde. Erst später wurde der Leichnam durch Sigismondo Pandolfo Malatesta nach Rimini überführt und dort christlich und mit allen Ehren beigesetzt.

Die türkische Eroberung setzte dieser Bedeutung Mistras ein Ende. Bereits 1423 wurde die Stadt von Osmanen und Albanern eingenommen und tributpflichtig gemacht. Als Konstantinopel 1453 an die Osmanen fiel und der letzte byzantinische Kaiser

Konstantin XI. Palaiologos, der bis 1448 Despot in Mistra war und in der Metropoliskirche von Mistra am 9. Januar 1449 zum Kaiser gekrönt wurde, auf den Mauern der Hauptstadt sein Leben ließ, erlosch der letzte Widerstand gegen die Osmanen auch auf der Peloponnes.

Doch der griechische Freiheitswille ging auch unter der Türkenherrschaft nicht verloren. Im Jahr 1770 entschlossen sich die Griechen – vor allem Bewohner der südlich von Mistra beginnenden Halbinsel Mani, die nie richtig unter türkischer Herrschaft gestanden hatten –, von dem russischen General Orlow dazu ermuntert, zu einem Aufstand gegen die Türken. Mistra wurde den Türken entrissen, doch nur für kurze Zeit, denn, von den Russen im Stich gelassen, wurde der Aufstand blutig niedergeschlagen.

In Friedrich Hölderlins »Hyperion« bedeutet die Eroberung Mistras durch die Griechen eine Wende: »Es ist aus, Diotima! Unsere Leute haben geplündert, gemordet, ohne Unterschied, auch unsere Brüder sind erschlagen, die Griechen in Misistra.« In dieser Szene ist die historische Wahrheit eine andere. Hölderlin benutzte als Quelle seiner Darstellung nicht das französische Original von Choiseul-Gouffier »Voyage pittoresque de la Grèce«, sondern eine verfälschte Übersetzung dieses Werks von Otto Reichert. Während Reichert von schrecklichen Gräueltaten der Griechen berichtet, erfährt man aus dem Original, dass die türkische Besatzung sogar Asyl im bischöflichen Palast von Mistra erhielt.

Als 1821 der Befreiungskampf gegen die Türken endgültig entbrannte, war Mistra noch eine lebendige Stadt mit über 10 000 Bewohnern. Erst die Neugründung Spartas durch König Otto im Jahre 1834 versetzte der Bergstadt Mistra den Todesstoß. Mistra

In vielen Kirchen von Mistra gibt es Freskomalereien in unterschiedlichem Erhaltungszustand. Hier ein Blick in das Innere der Perivleptoskirche mit ihrem besonders gut erhaltenen Freskoschmuck.

wurde damit eine Ruinenstadt, die zusehends verfiel, und erst das neu erwachte historische und kunstgeschichtliche Interesse gegen Ende des 19. Jahrhunderts und die Konservierungs- und Restaurierungsarbeiten zu Beginn des 20. Jahrhunderts, besonders unter dem griechischen Archäologen Orlandos, entrissen Mistra dem Verfall und dem Vergessen.

Mistra heute. Der Besuch der Ruinenstadt ist ein großes Erlebnis. Über schmale, steile Wege und Treppenstufen gelangt der Besucher durch Toranlagen und vorbei an Häuserresten zu den schönen und gut restaurierten byzantinischen Kirchen. Der Bischofspalast mit der Metropoliskirche, die dem heiligen Demetrios geweiht ist, beherbergt auch ein kleines Museum, an dessen Außenfront das Fragment einer sehr qualitätsvollen, weiblichen Gewandstatue mit einem plumpen, weniger schönen fränkischen Männerkopf kombiniert wurde (s. S. 73).

Die Kirche der heiligen Theodore im Bereich des großen Vrontochionklosters ist die älteste in Mistra. Zwischen 1290 und 1296 wurde sie von den Mönchen Daniel und Pachomios gegründet. Sie steht in der Tradition eines Kirchentypus, der vorwiegend im elften und zwölften Jahrhundert in Griechenland (Kloster Daphni bei Athen, Agia Sophia in Monemvasia) und Konstantinopel gebaut wurde. Als Vertreterin dieser älteren Tradition bleibt die Theodorenkirche für Mistra eine Besonderheit. Sie steht am Ende einer Reihe und hat deswegen in der Nachfolge keine Schule gemacht. Als Besonderheit fällt sofort die riesige Kuppel auf, die auf einem Tambour ruht, der acht einfache Fenster hat mit zusätzlich acht Scheinfenstern in Form von Nischen. Ist schon von außen die Kuppel das beherrschende architektonische Element, so tritt ihre Schönheit im Innenraum erst recht hervor. Der große oktogonale Raum hat die Wirkung eines überkuppelten Zentralbaus, wobei die Längs- und Querschiffe nicht mehr ins Gewicht fallen.

15 Jahre später wurde in dem Klosterbereich eine zweite Kirche erbaut, die Afendikokirche, die der Panagia Hodegetria, der »wegweisenden« Muttergottes geweiht ist und die sich von der Theodorenkirche vollständig unterscheidet und etwas Neues für Mistra und die byzantinische Baukunst bedeutet. Ganz bewusst wurde ein basilikaler Grundriss mit dem Kreuzkuppelschema im Dachbereich kombiniert. Diese Kirchenform, die durch Verschmelzung westlicher Elemente (Basilika) mit östlichen Formen (Kreuzkuppelkirche) einen auf Mistra beschränkten neuen Kirchentyp, den so genannten Mistratyp, hervorbrachte, zeigt einmal mehr die weltoffene Denkweise dieser Stadt.

Doch nicht nur in der Architektur, sondern auch in der Freskomalerei, die leider nicht in allen Kirchen gut erhalten ist, wird dies deutlich. In der Afendikokirche sind mindestens zwei Maler zu unterscheiden. Der eine konservativ, ganz in der Tradition der byzantinischen Malerei verhaftet, schuf u. a. die Reihen großer stehender Kirchenväter in der Mittelapsis. Der andere, der einer neuen, aus Konstantinopel kommenden Stilrichtung angehört, malte in unkonventioneller Farbauswahl mit einem aufgelockerten, dramatischeren und bewegteren Ausdruck der Figuren, z. B. die großartigen Szenen im oberen Teil der linken Seitenkapelle. Die Versammlung der Märtyrer, auf deren Gesichtern sich ein starker Individualismus widerspiegelt – dem Byzantinischen sonst fremd –, stellt sich hier als besonderes Meisterwerk dar. Deutlich ist ein Einfluss der italienischen Malerei des 14. Jahrhunderts zu spüren. Es scheint ein dritter, ebenfalls unkonventioneller Maler gewesen zu sein, der den Narthex mit den Wundertaten Christi und dem Bild der Panagia als »Leben spendende Quelle« (Soodochos Pigi) ausgemalt hat.

Obwohl in den acht Kirchen von Mistra, denen im 19. Jahrhundert z. T. sogar das Dach fehlte, die Wandmalereien wohl am meisten gelitten haben, geben diese dem Besucher auch heute noch einen lebendigen Eindruck von der Vielfalt der Themen und der Ausdruckskraft der Maler, die im 13. und 14. Jahrhundert hier beschäftigt waren.

Am vollständigsten sind die Freskomalereien in der Kirche des Perivleptosklosters erhalten. Man geht an der Kirche, die halb in den Felsen hineingebaut ist, leicht vorüber, weil sie etwas abseits der Hauptwege im Süden der Stadt liegt. Ihre Fresken sind gereinigt und von chemischen Ausblühungen und Sinter befreit – z. T. leider auch durch den Maler Kantoglu ergänzt und farblich aufgefrischt. Ihre Anordnung im Kirchenraum entspricht nicht der kanonischen Form, sondern ist weitgehend frei gehandhabt. Aber auch in den Kompositionen, den Bewegungen und der Farbenfreudigkeit zeugen die Fresken von einer neuen Freiheit, die losgelöst von der alten hieratisch-kanonischen Malweise nun in der Tradition der Chorakirche in Konstantinopel und der Afendikokirche in Mistra neue Formen und Ausdrucksmöglichkeiten findet.

Überall wird die Weltoffenheit dieser Stadt mit Händen greifbar, am deutlichsten aber wohl im Pantanassakloster, dem einzigen heute noch bewohnten Komplex von Mistra. Der Besucher wird von gastfreundlichen, aber zurückhaltenden, fleißigen Nonnen empfangen, und der saubere Innenhof mit fließendem Wasser, Blumen und Weinstöcken steht in seiner Lebendigkeit in einem wohltuenden Gegensatz zu der sonst toten und verlassenen Ruinenstadt. Das Kloster, etwa auf halber Höhe des Burgbergs, hebt sich schon von weitem durch die große, rechteckig ummauerte Anlage, die Arkaden an der Talseite der Kirche und den hohen Glockenturm von den übrigen Gebäuden Mistras ab. Die Apsisseite der Kirche verkörpert in höchstem Maße die Verschmelzung byzantinischer und abendländischer Kunst, vermischt mit lokalen peloponnesischen und sogar islamischen Elementen.

Arkaturen, die von Palmetten bekrönt sind, und darüber Girlanden, die aus Lilienblüten herauswachsen, ebenfalls mit Palmetten an ihrer Unterseite, die gegenständig axial den unteren Palmetten zugeordnet sind, zeigen hier Schmuckelemente, die die byzantinische Formensprache in bisher nie da gewesener Fülle und Schönheit bereichern.

Um 1400 erhielt auch der Despotenpalast seine endgültige Form, als die Palaiologen rechtwinklig an den älteren Palasttrakt einen Thron- und Empfangssaal anbauten, der in seinen Dimensionen (36,30 mal 10,50 Meter) und seiner künstlerischen und technischen Ausgestaltung auf der Peloponnes einmalig geblieben ist. Der Unterbau, auf dem der Saal ruht, besteht aus acht doppelstöckigen Gewölben. Eine vorgeblendete Arkadenhalle trägt in Höhe des Saals einen die ganze Front einnehmenden Balkon, über dem acht mit flachen Bögen überwölbte Fenster eine dekorative Kalksteinverkleidung aufweisen (Flamboyantstil). Auf der Rückseite zeigen acht wie Mauerstützen hochgezogene Kamine den Verlauf des Heizungssystems mit Heißluft, dessen Feuerung sich in den unteren Gewölben befand. Der Palast zeugt eindrucksvoll von der Pracht und dem Herrschaftswillen der byzantinischen Despoten.

Misithra erschien zu jener Zeit als die politische und geistige Hauptstadt des Hellenentums. Der Fürstenhof (...) blieb im regsten Verkehr mit Konstantinopel, von wo er die Bedürfnisse des Luxus und der Bildung wie auch die Talente bezog. Er wurde eine Filiale des byzantischen Geistes.

Aus Ferdinand Gregorovius »Die Geschichte der Stadt Athen«

Mani – Wohntürme und Kirchen, Blutrache und Totenklagelieder

Nach dem Niedergang der spartanischen Vormachtstellung auf der Peloponnes flüchteten viele Spartaner im zweiten Jahrhundert v. Chr. in den Süden des Landes, in die heutige Mani, und gründeten dort den Bund der Eleutherolakonen (freie Bewohner Lakoniens), der im Jahr 21 v. Chr. durch den römischen Kaiser Augustus offiziell anerkannt wurde. Die Hafenstädte Gytheion und Kainepolis (im Süden der Mani) waren die politischen und wirtschaftlichen Zentren. Durch den Export von buntem Marmor und Purpur gediehen die Städte infolge langer Friedenszeiten prächtig, und erst mit dem Schwinden des römischen Einflusses am Ende des dritten Jahrhunderts wurde der Städtebund aufgelöst. Außerdem führten die Einfälle der Goten (395 n. Chr.) und der Slawen im sechsten Jahrhundert zu einer weiteren Fluchtbewegung der Menschen in die Mani.

Abgeschnitten von der übrigen Peloponnes konnten die Bewohner hier in weitgehender kultureller Isolation im Gegensatz zu den bereits christianisierten Griechen relativ ungestört nach ihren alten Traditionen leben. Erst durch den heiligen Nikon Metanoeite, Bischof von Sparta, der hier 998 starb, wurden auch die Maniaten missioniert mit der Folge, dass zwischen dem zehnten und zwölften Jahrhundert eine gewaltige Zahl von Kirchen gebaut wurde.

Ein unbeugsamer Freiheits- und Unabhängigkeitswille führte oft zu blutigen, aber in der Regel siegreichen Kämpfen, die das Eindringen fremder Mächte wie Slawen, Franken, Venezianer und Türken verhinderten. Bis heute gelten die Einwohner Manis im übrigen Griechenland als harte, wilde und furchtlose Menschen, die einen Streit lieber mit der Faust oder dem Messer als vor einem Friedensrichter beenden. Innere Kämpfe zwischen Familien oder einzelnen Dörfern führten schließlich auch dazu, dass zwei prominente Familien aus Itylon die Mani für immer verlassen mussten. Die Familie der Iatrani (iatrós, ital. medicus = Arzt) glaubte ihre Herkunft von der berühmten Florentiner Familie der Medici herleiten zu können, begab sich 1671 nach Italien in deren Obhut und wurde in der Toskana in der Nähe von Volterra angesiedelt. 1675 folgte die Sippe der Stephanopouli, die sich mit etwa 700 Mitgliedern an der Westküste von Korsika ansiedelte. Ein Sohn des Familienoberhaupts, der in die Toskana auswanderte, soll seinen Namen »Kaloméros« (= guter Teil) italienisiert haben zu »Bonaparte«.

Fährt man von Areopolis Richtung Süden, so fallen die festungsartigen Häuser und die hohen Wohntürme (Pyrgoi) als Charakteristikum der Mani sofort ins Auge. Ihre Entstehung hängt eng mit den gesellschaftlichen Formen und den Lebensgewohnheiten der Maniaten zusammen. Die großen Einwanderungswellen vom 15. bis 17. Jahrhundert ließen Probleme wirtschaftlicher und sozialer Art zwischen den Einwanderern und den Einheimischen entstehen, die oft zu blutigen Fehden, ja sogar zu Kriegen führten. Die Folge davon war, dass die einzelnen Familien ihre Häuser wie Festungen bauten und hohe Türme errichteten, um von diesen aus die verfeindeten Nachbarfamilien zu bekämpfen. Die Blutfehden, meist durch den gewaltsamen Tod eines Familienmitglieds hervorgerufen, wurden nach ganz bestimmten Regeln ausgetragen und richteten sich nicht nur gegen den Täter, sondern gegen alle gegnerischen Familienmitglieder. Der Beginn einer solchen Fehde wurde öffentlich mit Glockengeläut und einer Feindschaftserklärung ausgerufen. Die Familien zogen sich in ihre Türme zurück, die oft nur durch einen schmalen Dorfweg voneinander getrennt waren, und versuchten mit allen Mitteln, die gegnerische Familie zu treffen. Kam ein Unbeteiligter zu Tode, so griff auch dessen Familie aktiv in den Kampf ein. Zu Zeiten des Pflügens, Säens und Erntens schlossen die kämpferischen Parteien zeitweise einen Waffenstillstand, Treva genannt. Es konnte dann vorkommen, dass die verfeindeten Familien Feld an Feld schweigend ihre Arbeit taten, um nach Beendigung der Treva sofort wieder zu den Waffen zu greifen. Ein strenger Ehrenkodex, der über die Einhaltung der Vereinbarungen wachte, verschaffte den streitenden Familien wenigstens eine minimale Existenzmöglichkeit innerhalb dieser irrsinnigen Gesetzmäßigkeit gegenseitiger Blutrache.

All dieses hat dazu geführt, dass in der Mani archaische Sitten und Gebräuche sowie Denkweisen, die bis weit in die Antike reichen, lebendig geblieben sind. So gab es nach Überzeugung der alten Griechen an der Südspitze der Mani, am Kap Tainaron, einen Eingang in die Unterwelt, in die Welt der Toten. Schon Herakles war hier in den Hades hinabgestiegen, um den Unterweltshund Kerberos, den Wächter über die Toten, an die Oberwelt zu holen. An diesem Ort konnte man Kontakt zu den Toten aufnehmen, um die Zukunft in Form eines Totenorakels zu erfahren. Genau über diesem Nekromanteion (Totenorakel) hat sich eine uralte Kirchenruine erhalten, die den Erzengeln Michael und Gabriel geweiht ist. Das Besondere dieser Kirche ist, dass hier am Pfingstsonntag die Erzengel die Seelen der Toten heraufgeleiten sollen und die lebenden Menschen Gelegenheit haben, Kontakt zu ihnen aufzunehmen, sie zu befragen oder ihnen Grüße für andere Verstorbene mitzugeben, denn am Pfingstmontag werden die Seelen von den Engeln wieder in den Hades hinabgeleitet. Das erklärt den Namen der Kirche, Asomatoskirche, von »asomatos«, körperlos. Was in der Antike hier praktiziert wurde, wiederholt sich also bis heute an genau der gleichen Stelle, nur mit einem christlichen Vorzeichen versehen.

Mit dem Christentum haben Fragen um das Geheimnis des Todes und das, was ihm folgt, in unserem Kulturbereich eine besondere Antwort erhalten. Umso erstaunlicher ist es, dass sich in der Mani, deren Bewohner inzwischen auch Christen sind, Denkweisen erhalten haben, die weit davon entfernt sind, christlich zu sein. In den so genannten Moirologia, den Totenklageliedern, die heute noch an der Bahre und am Grab von Menschen, die mit Charon gehen mussten, vorgetragen werden, zeigt allein schon die Wortwahl die antike Tradition: Charon, in der Antike der Fährmann, der die Toten in das Reich der Schatten übersetzte, ist heute der Totengott selbst und der Seelengeleiter. Die antiken Ortsbegriffe »Hades« oder »Tartaros« existieren als Aufenthaltsort der Verstorbenen auch heute noch, ihre allgemeine Bezeichnung ist die Unterwelt »Kato Kosmos«. Die christliche Lehre und Verheißung haben für die Totenklagelieder keine Bedeutung gehabt. Statt des Erlösungsgedankens ist die Vorstellung geblieben, dass der Tote in den dunklen und vor Kälte klirrenden Hades hinabsteigen muss, in die Unterwelt, die im Gegensatz zur oberen Welt nur Kummer, Tränen und Schmerz für den Toten bereithält. In grauenvollen Bildern wird der Hades als Ort aller Toten geschildert, sodass der Hades auf keinen Fall mit den Schrecken der Hölle gleichgesetzt werden kann.

Ein junges Mädchen, das mit Charon gehen musste, klagt:

Zu den Schlangen führt mich Charon, damit ich ihnen Unterschlupf gewähre. In meinen Armen sammeln sie sich zuhauf, an meinen Brüsten schlafen sie, und in meinem lockigen Haar wollen sie ihre Nester bauen, um von meiner Leber zu fressen und von meinem Blut zu trinken.

Fast zweitausend Jahre Christentum haben nicht vermocht, diese düsteren, archaischen Vorstellungen der Menschen auf der Mani durch den Gedanken der Erlösung oder des Paradieses in den Moirologia zu ersetzen. Sie lassen keinen Zweifel daran aufkommen, wohin Charon seine Opfer schleppt: »Hinab in die Gefilde des Tartaros, die vor Kälte klirren, wo die jungen Mädchen und Burschen wehklagen und weinen.«

Der Totenfährmann der Antike Charon ist in der neugriechischen Volksdichtung zum personifizierten Tod und Seelengeleiter geworden, der seine Opfer erst, nachdem er sie besiegt hat, in den Hades führt. Dabei stellt man sich – besonders beim Tod junger Menschen – vor, dass Charon erst mit seinem Opfer kämpfen muss. Der »Todeskampf«, von dem wir ja auch sprechen, wird in den Moirologia in die Realität übersetzt zu einem wirklichen Kampf zwischen Charon und seinem Opfer. Der Ausgang dieses Kampfes ist natürlich festgelegt. Sosehr die Tapferkeit und Stärke der jungen Männer Charon auch zu schaffen machen, am Ende werden sie von ihm bezwungen und trotz ihrer Bitten in die Unterwelt geführt werden, denn Charon ist unerbittlich und unbesiegbar.

Folgendes Totenklagelied hat den buchstäblichen Kampf um den Tod zwischen Charon und seinem jungen Opfer zum Thema:

Charon und der junge Bursche
Ein junger Bursche stieg herab von den Bergesgipfeln, um den Hals das Tuch gebunden, das reich bestickte. Er trug den Hut schief auf dem Kopf, sein Haar gebunden, und er drehte seinen Schnurrbart und sang mit heller Stimme.
Doch Charon erblickte ihn von einem hohen Felsen, und er legte sich in einen Hinterhalt an einem schmalen Engpass.
– Charon, ich grüße dich, und Freude wünsche ich dir!
– Sei mir gegrüßt, mein junger Bursche! Mein Junge, woher kommst du und wohin gehst du?
– Von meinem Schafspferch komme ich, und ich bin nun auf dem Weg zu meinem Haus. Ich will Brot holen und dann wieder zurückgehen.
– Mein Junge, Gott hat mich geschickt, um deine Seele zu holen.
– Ohne Notwendigkeit und ohne Krankheit übergebe ich meine Seele nicht. Komm nur herab, damit wir kämpfen auf der Tenne von Marmor. Und wenn du mich besiegst, Charon, dann sollst du meine Seele haben, aber wenn ich dich besiege, dann zieh deiner Wege.
Sie packten sich und rangen vom Morgen bis zum Abend. Und bei der Rückkehr der Sonne, die sich fürchtete unterzugehen, hörte man den

Ein Haus auf der Mani mit angebautem Wohnturm. Besonders sorgfältig wurden bei den Bauten die Ecken mit großteiligen Quadersteinen gemauert.

Jungen, wie er seufzte und schwer aufstöhnte.
– Lass mich, mein Charon, lass mich bitte leben. Ich habe meine Schafe noch nicht geschoren, der Käse liegt noch auf der Waage, ich habe eine blutjunge Frau, sie sollte noch nicht Witwe sein, und einen Jungen habe ich, einen kleinen, und Waise zu sein passt nicht zu ihm.
– Die Schafe werden geschoren, und der Käse gewogen.
Der verwaiste Junge wird seinen Weg gehen, und die Witwe ihren Herren finden.

Wenn sich Griechen noch heute – zumindest in den etwas abgelegenen Teilen Griechenlands – trotz der Einsicht in das unabänderliche Schicksal den Tod als ein reales Wesen vorstellen und in dem abstrakten Begriff des Sterbens einen wirklichen Kampf Charons mit seinem Opfer sehen, so ist diese Denkweise, nämlich abstrakte Vorgänge mit realem oder mythischem Leben zu erfüllen, ein Erbe der Antike: So nah ist die Antike!

Mistra. Blick vom Palast auf die spartanische Ebene mit ihren Olivenbäumen, der Stadt Sparta und dem Parnon-Gebirge im Hintergrund.

Kommt man von Sparta, türmt sich der steile Burgberg von Mistra hinter dem heutigen Dorf recht bedrohlich vor den Augen des Besuchers auf. Nicht ganz unbeschwerlich ist der Weg von der Unterstadt über den Palast bis zum fränkischen Gipfelkastron. Der Besucher wird aber ständig durch immer wieder neue Ausblicke auf die spartanische Ebene und durch die Sehenswürdigkeiten der mittelalterlichen Stadt belohnt.

Oben links: Der noch mit gotischen, spitzbogigen Fenstern versehene älteste Teil des Palastes wurde wahrscheinlich durch den Franken Wilhelm von Villehardouin erbaut.

Links: Die Lage der Stadt an dem steilen Berg macht an vielen Stellen Treppenanlagen notwendig.

Oben: Das fränkische Kastron mit Zinnen und Schießscharten.

Links: Blick auf die Afendikokirche mit ihren Kuppeln und dem Glockenturm. Die Kirche, um 1310 erbaut, gehörte zu dem Vrontochionkloster. Von besonderer Schönheit und Eleganz ist der Glockenturm, der an der Bergseite an den Narthex angebaut ist. Der Architekt hat es verstanden, die Gradlinigkeit der griechischen Architektur zugunsten eines Spiels von Arkaden, Kuppeln oder gerundeten Ecken aufzulösen. Im Inneren sind große Teile der Freskomalerei erhalten.

Oben: Die Kuppel mit dem geschwungenen Dachabschluss der Agia-Sophia-Kirche und die reichen Ziegelverzierungen am Giebel des Seitenschiffs zeigen die Freude an der filigranen Ausschmückung der mittelbyzantinischen Kreuzkuppelkirchen.

Perivleptoskirche in Mistra.
Ganz oben: Da die Kuppel über dem Schnittpunkt der kreuzförmig angeordneten Kirchenschiffe liegt, nennt man diesen Bautyp der mittelbyzantinischen Zeit (etwa ab 1000) Kreuzkuppelkirche.
Oben: Fresko mit der Geburt Jesu.

Rechts: Überwölbtes Tor in der Klostermauer.
Rechte Seite: Die Perivleptoskirche scheint gleichsam mit dem Berghang verwachsen zu sein. Da sie ein wenig abseits ganz im Süden der großen Stadtanlage von Mistra liegt, wird sie vom Besucherstrom leicht übersehen.

Linke Seite
Oben: Mächtig zeigt sich die Apsisseite der Theodorenkirche. Sie gehörte zusammen mit der Afendikokirche zum Bereich des Vrontochionklosters in Mistra. Es ist die älteste Kirche der Stadt, und sie wurde von den Mönchen Daniel und Pachomios zwischen 1290 und 1296 gegründet.

Unten: Die Metropoliskirche ist dem heiligen Demetrios geweiht. Der Blick durch die Mitteltür der Ikonostase geht auf den Altar der Kirche. In der Nähe findet man eine kleine Kapelle (*rechts*).

Diese Seite
Links oben: Blick auf das Pantanassakloster von Mistra. Es ist der einzige heute noch bewohnte Komplex von Mistra. Der saubere Innenhof mit Blumen, Weinstöcken und fließendem Wasser steht in seiner Lebendigkeit in einem wohltuenden Gegensatz zu der sonst toten und verlassenen Ruinenstadt.

Links: An dem Dekor der Apsis-Seite der Pantanassakirche zeigt sich deutlich die Verschmelzung byzantinischer und abendländischer Kunst, vermischt mit lokal-peloponnesischen und sogar islamischen Elementen.

Oben: Blick in den Innenraum der Pantanassakirche.

Oben: Blick auf eine Felswand des dem Taygetos gegenüberliegenden Parnon-Gebirges.

Unten: Honigverkäufer an der Straße von Kalamata nach Sparta. Ein Halt bei ihm lohnt immer, da die Bienen in dieser waldigen Hochgebirgsgegend einen besonders guten Honig zusammentragen.

Rechts: Der Blick von Westen auf die Gipfelregion des Taygetos, der noch weit in den April hinein mit Schnee bedeckt ist. Im Vordergrund reckt sich der mehrstöckige Kirchturm von Kardamyli empor, wie er für die Halbinsel Mani typisch ist. Rechts dahinter lag auf dem Felsen einst die antike Akropolis von Kardamyli, wo die Dioskuren Kastor und Polydeukes bestattet sein sollen.

7 Fremde Eroberer

Am Fuße eines riesigen, steil ins Meer abfallenden Felsens liegt die Stadt Monemvasia. Sie ist heute noch von einem intakten Mauerkranz umgeben und zeugt von der Wehrhaftigkeit der Menschen des Mittelalters, aber auch von der Notwendigkeit, sich vor eindringenden Feinden schützen zu müssen.

Die Peloponnes ist seit frühesten Zeiten Einwanderungsland und begehrtes Objekt für Eroberer gewesen. Um 1900 v. Chr., an der Wende vom Früh- zum Mittelhelladikum, eroberten aus dem Norden einwandernde Indogermanen Griechenland und die Peloponnes. Es gilt als sicher, dass die Einwanderer bereits Griechisch sprachen, man nennt sie daher Protogriechen. Die zerstörten Siedlungen der Ureinwohner wurden von den neuen Herren wieder aufgebaut, und das Griechische setzte sich als Sprache allmählich auch bei den Einheimischen durch.

Die griechische Frühzeit. Die folgenden drei Jahrhunderte standen im Zeichen der Assimilierung und der Integration von einwandernden Protogriechen und der nicht indogermanischen ägäischen Bevölkerung. Diese verhältnismäßig ruhige Phase des Atemholens und des Sammelns für einen neuen Anfang führte zu Beginn des 17. Jahrhunderts v. Chr. in das Späthelladikum, in die Zeit der mykenischen Hochkultur. An vielen Orten der Peloponnes lassen sich nun mykenische Siedlungen nachweisen.

In der zweiten Hälfte des 13. Jahrhunderts v. Chr. scheint die Peloponnes von einer ersten Welle plündernder Barbaren heimgesucht worden zu sein. Manche Paläste gingen in Flammen auf, andere wurden durch Mauerringe verstärkt und vergrößert. Gegen Ende des 12. Jahrhunderts v. Chr. existierte die mykenische Kultur nicht mehr. Ihr Untergang hinterließ ein politisches Machtvakuum, das sich nach und nach mit einwandernden Griechen aus dem Norden füllte. Über den Isthmus von Korinth drangen die Dorer auf die Peloponnes vor. Die griechischen Historiker der klassischen Zeit sahen in ihnen die zurückkehrenden Nachkommen des Herakles (Herakliden), die durch die Nachkommen des Pelops (Pelopiden) von der Peloponnes vertrieben worden waren. Korinth, Argos und Sparta wurden zu ihren Machtzentren. Die in diesem Raum noch ansässigen Mykener zogen sich in das Bergland von Arkadien zurück. Etwa gleichzeitig mit den Dorern wanderten über den Golf von Korinth die so genannten Nordwestgriechen in die Peloponnes ein. Ihre Zentren lagen in den Landschaften Achaia und Elis.

Überall auf der Peloponnes entstanden nun Kleinstaaten, die meist von einer Stadt (Polis) abhängig waren. Für das Entstehen einer neuen Kultur gewann dieses städtische Leben große Bedeutung. Die Polis-Staaten konnten sich, trotz unzähliger blutiger Auseinandersetzungen, bis zur Eroberung durch die Makedonen im vierten Jahrhundert v. Chr. behaupten. In der Schlacht von Chaironeia 338 v. Chr., in der Philipp II., der Vater Alexanders des Großen, die Griechen besiegte, verloren die Stadtstaaten ihre Freiheit.

Die Römer und die Zeit des Byzantinischen Reiches. Die nächsten Eroberer waren die Römer. Im Jahr 197 v. Chr. erklärte der römische Konsul Quinctius Flamininus in Korinth die griechischen Städte für frei, doch schon 51 Jahre später wurde Korinth durch den Konsul Lucius Mummius dem Erdboden gleichgemacht und die ganze Peloponnes mit Ausnahme von Sparta der römischen Provinz Makedonien unterstellt. Die lange Friedenszeit unter der römischen Herrschaft brachte zwar wirtschaftliche Prosperität, aber keine beziehungsweise nur eine relative Freiheit. Überfälle germanischer Stämme (267 n. Chr. Goten und Heruler, 395 n. Chr. Westgoten unter Alarich) führten zu großen Verwüstungen auf der Peloponnes, aber zu keiner Besetzung. Inzwischen wurde Konstantinopel durch Konstantin den Großen (306–337 n. Chr.) Hauptstadt und Regierungssitz des Oströmischen (Byzantinischen) Reiches, zu dem Griechenland und die Peloponnes nun gehörten. Auch wenn das Byzantinische Reich über tausend Jahre bis 1453 bestand, musste die Peloponnes immer wieder Einwanderungen, Eroberungen und Besetzungen erdulden. Im sechsten Jahrhundert drangen Slawen auf die Peloponnes vor, deren Widerstand erst in der Mitte des neunten Jahrhunderts gebrochen werden konnte. Mit der Christianisierung wurden sie von der griechischen Bevölkerung assimiliert.

Nachdem 1204 im vierten Kreuzzug (1202–1204) Franken und Venezianer Konstantinopel erobert und geplündert hatten, wurden schon ein Jahr später auf der Peloponnes zwölf fränkische Baronien eingerichtet. Die Franken haben sich nicht integriert, sondern bildeten immer nur eine kleine Oberschicht, die sich in ihren neu erbauten oder von den Byzantinern eroberten Burgen verschanzten und dort ein fränkisch-höfisches Leben auf Kosten der griechischen Bevölkerung führten. Gleichzeitig mit den Franken setzten sich auch die Venezianer an wichtigen Küstenplätzen der Peloponnes fest, um ihre Vorherrschaft zur See in der Ägäis zu behaupten. Solche Orte waren Nauplia, Methoni, Koroni, Navarino und Monemvasia.

Die Türken und der Kampf um die Unabhängigkeit. 1453 wird Konstantinopel durch die Türken unter Mehmet II. erobert. Das über tausendjährige Byzantinische Reich geht zu Ende. Bereits drei Jahre später ist auch die Peloponnes bis auf wenige venezianische Stützpunkte unter türkischer Herrschaft, die fast 400 Jahre dauert und Leid, Armut und Versklavung über die Menschen bringt.

Am 25. März 1821, heute der wichtigste nationale Feiertag in Griechenland, wurde im großen Lavrakloster durch den Bischof Germanos und den Maniaten-Führer Petrobey Mavromichalis der Beginn des Freiheitskampfs der Griechen gegen die Türken ausgerufen, der nach entsetzlichem Blutvergießen 1827 mit der Seeschlacht von Navarino (Pylos) zum Entstehen des heutigen modernen griechischen Staates führte.

Da sich die heutigen Griechen viel mehr mit den Helden und Geschehnissen von 1821 identifizieren als mit Personen der Antike wie Perikles oder Platon, ist das Wissen um diesen Freiheitskampf so wichtig, will man den Griechen von heute zu verstehen suchen. Hinzu kommt, dass die entscheidenden Siege auf der Peloponnes errungen wurden. In diesem Kampf standen sich zwei völlig unterschiedliche Kriegsparteien gegenüber. Auf der einen Seite ein gut ausgebildetes und mit modernsten Waffen versehenes türkisches Heer, auf der anderen Seite schlecht ausgerüstete griechische Partisanen und Räuberbanden ohne jede militärische Ausbildung. Die griechischen Partisanen nennen sich stolz Klephten (abgeleitet von dem Verb »klepto«, stehlen, rauben), was schließlich gleichbedeutend wird mit Freiheitskämpfer. Die Klephtenbewegung wird zum ständigen Unruheherd und Sammelbecken für verarmte und sozial missachtete Teile des griechischen Volkes und schließlich zum Träger des Freiheitskampfs.

Ein griechischer Freiheitskämpfer, ein Klephte, in seiner typischen Tracht und Bewaffnung.

Die erste türkische Reaktion auf den Ausbruch des Kampfes erfolgt in Konstantinopel selbst, wo Sultan Mahmud III. den griechischen Patriarchen Gregor V. in der Osternacht mit seinem Klerus am Kirchenportal der Agia Sophia aufhängen lässt. In Europa ist man entsetzt über diese neue Form von Christenverfolgung, und selbst der konservative Fürst Metternich mahnt in Konstantinopel zur Mäßigung. Auch deutsche Philhellenen werden aktiv, und schon im Juli 1821 ruft der Münchener Philosophieprofessor Friedrich Thiersch auf zur Bildung einer deutschen Legion für Griechenland.

Einer der bekanntesten Anführer im Freiheitskampf war Theodoros Kolokotronis. Er setzte sich vor allem für die Belange der Leibeigenen und armen Bauern ein.

Rechts: Lord Byron, einer der wichtigsten und bekanntesten Philhellenen. Viele seiner Gedichte und Briefe bezeugen seine Liebe zu Griechenland.

Trotz der Übermacht des türkischen Heeres können die griechischen Klephten Erfolge verbuchen. Ihre bekanntesten Anführer auf der Peloponnes sind Theodoros Kolokotronis, die Maniaten Ilias, Kyriakoulis und Petrobey Mavromichalis, Dimitris Ypsilantis und Papaphlessas. Diese und viele andere werden die Helden und Idole für die heutigen Griechen. Nachdem bereits im September 1821 Tripoli, das Zentrum der Türken auf der Peloponnes, an die Griechen gefallen ist, erhebt sich der Ruf nach einer Nationalversammlung und einer Regierung. Zum ersten Mal zeigen sich hier offen auch die Gegensätze innerhalb des griechischen Volkes. Es werden improvisierte Wahlen abgehalten, bei denen die Archonten, meist reiche Auslandsgriechen, durch Manipulierung versuchen, dem starken Einfluss der Klephtenkapitäne durch eine Archontenmehrheit entgegenzuwirken. In der ersten Nationalversammlung in den Theatern von Epidauros und Argos gelingt es den Archonten, die Macht an sich zu reißen und den reichen Phanariotenfürsten Mavrokordatos, an die Spitze der vorläufigen Regierung zu stellen. Es kommt zum Bürgerkrieg, denn die Klephtenkapitäne mit Kolokotronis an der Spitze können mit einer Archontenregierung, die alles beim Alten lassen will, was die Agrar- und Sozialstruktur des Volkes betrifft, nicht einverstanden sein. Noch einmal aber vermag der äußere Feind den inneren Konflikt zu unterdrücken.

Nachdem fast die gesamte Peloponnes mit den wichtigsten Burgen und Städten in griechischer Hand ist, holt die Hohe Pforte zu einem groß angelegten Gegenschlag aus. Unter der Führung von Mahmud Dramalis zieht ein gewaltiges Heer von 30 000 Soldaten und 6000 Reitern – das größte türkische Heer seit über fünfzig Jahren – über Korinth auf die Peloponnes in die argivische Ebene, um die aufständischen Griechen dort endgültig zu schlagen. Indem Kolokotronis einen Rückzug in das Zentrum der Peloponnes vortäuscht, bewegt er Dramalis dazu, kampflos nach Korinth zurückzukehren. In Wahrheit aber hat Kolokotronis alle Truppen nach Dervenakia geschickt, einer Passenge zwischen Argos und Korinth, wo sie, gut versteckt, den Durchzug des türkischen Heeres erwarten. Der Angriff auf die Türken kommt so plötzlich und unerwartet, dass die Türken, die nun in der Falle sitzen, völlig verwirrt werden. Da sie die Stärke ihres Heeres nicht zur Geltung bringen können, beginnt ein – so die griechischen Quellen – großes Türkenschlachten. Die gewonnene Schlacht vom sechsten Juli 1822 bei Dervenakia, einem Ort, der heute vor allem durch seine hervorragenden Weine bekannt ist, besiegelt das Schicksal der Türken auf der Peloponnes.

Trotz dieser großen Erfolge zeigen sich wieder die inneren Gegensätze des Volkes, und die politische Szene im Frühjahr 1823 ist in erster Linie von Intrigen, Morden und vom Bürgerkrieg überschattet. Auch die Politiker Europas verkennen den sozialrevolutionären Charakter dieses Bürgerkriegs und greifen nicht helfend ein. So bleiben die Philhellenen die einzigen Verbündeten der Griechen. Man sollte ihr Wirken – so wie Metternich und der türkische Sultan es taten – nicht unterschätzen.

Als Lord Byron Ostern 1824 am Sumpffieber in Messolongi stirbt, geht eine Welle der Trauer und damit verbunden eine Steigerung der Hilfsbereitschaft für die Griechen durch ganz Europa. Die Philhellenenbewegung hat in Lord Byron ihren Märtyrer gefunden. Kurz vor seinem Tode sagte er: »Griechenland, dir

Der »bayerische Löwe« in Nauplia erinnert an die für die Freiheit Griechenlands gefallenen Soldaten, die im Gefolge des bayerischen Königs Otto nach Griechenland gekommen waren.

Rechts: Kanone und die dazugehörige Munition aus dem Freiheitskrieg der Griechen gegen die Türken 1821.

habe ich gegeben, was ein Mensch zu geben imstande ist, meine Mittel, meine Zeit, meine Gesundheit und nun auch mein Leben. Möge es dir gedeihen.«

Die Erfüllung dieses Wunsches sollte noch lange auf sich warten lassen. Der Sultan bittet seinen Vasallen Mehmet Ali von Ägypten um Hilfe, der seinen Sohn Ibrahim Pascha mit einer gewaltigen Flotte und einem von französischen Offizieren ausgebildeten Heer von 20 000 Mann nach Griechenland in Marsch setzt. Systematisch beginnt Ibrahim nun, nachdem er im südlichen Messenien, in Methoni, mit seinen Truppen gelandet ist, die Peloponnes zurückzuerobern. Wohin er kommt, verbreitet er Furcht und Schrecken; Dörfer und Städte werden verbrannt, Oliven-, Feigenbäume und Weinstöcke abgehackt, Frauen und Kinder in die Sklaverei verkauft und die Männer im Kampf oder als Gefangene erschlagen. Nach knapp einem Jahr ist die Peloponnes wieder türkisch mit Ausnahme von Nauplia und der Mani, wo Ibrahim in Pyrgos Dirou ausgerechnet von den Frauen der Maniaten in die Flucht geschlagen wird. Erst die Eroberung von Messolongi, bei der auch viele deutsche und andere europäische Philhellenen ums Leben kommen, bringt England und Frankreich dazu, bei der Hohen Pforte in Konstantinopel Protest einzulegen. Sogar die Russen beginnen auf eine antitürkische Linie einzuschwenken und erinnern sich wieder an ihre Rolle als Beschützer aller Orthodoxen. Um den Protest zu dokumentieren, entsenden die drei Großmächte als Demonstration der Stärke eine Flotte in das Mittelmeer.

Mitte Oktober 1827 erscheint diese Flotte der Tripelallianz ohne jede kriegerische Absicht vor Navarino (Pylos), wo die zahlenmäßig weit überlegene turko-ägyptische Flotte Ibrahims vor Anker liegt. Niemand denkt ernsthaft an Kampf, der in dieser engen, abgeschlossenen Bucht furchtbare Folgen haben müsste, und trotzdem beginnt, durch kleinere Plänkeleien provoziert, die wohl mörderischste Seeschlacht des 19. Jahrhunderts. Schon nach zwei Stunden ist alles entschieden. Ibrahims Flotte ist bis auf zwanzig Schiffe so gut wie vernichtet, und 6000 Ägypter haben den Tod gefunden. Die Politiker der Großmächte sind über diesen ungewollten Sieg zunächst schockiert. Man befürchtet Folgen. Doch der »kranke Mann am Bosporus« ist zu schwach, um militärisch zu reagieren. Die drei Großmächte ergreifen nun Partei für die griechische Sache. Ibrahim wird durch Franzosen aus der Peloponnes vertrieben, das nach Messolongi hoffnungslos daniederliegende Griechenland ist neu erstanden.

Das zwanzigste Jahrhundert. Die hoffentlich letzten Eroberer der Peloponnes waren die Deutschen im Zweiten Weltkrieg. Nachdem die italienischen Armeen Mussolinis, der einen Eroberungsfeldzug gegen Griechenland begonnen hatte, 1940 in Albanien und im Epirus geschlagen zu werden drohen, greift Hitler, der einen Sieg der Griechen über die Italiener nicht zulassen will, im Frühjahr 1941 in den Krieg ein. In einem Blitzkrieg von nur drei Wochen ist Griechenland erobert. In den folgenden drei Jahren der Besetzung entsteht eine breite Widerstands- und Partisanenbewegung, die den deutschen Truppen sehr zu schaffen macht. Da die Partisanen schwer zu bekämpfen sind, weil sie sich nach ihren Angriffen sofort wieder in die Berge zurückziehen,

greifen die Deutschen zu Vergeltungsmaßnahmen, unter denen ausschließlich die Zivilbevölkerung zu leiden hatte. Die schlimmste dieser Maßnahmen wird auf der Peloponnes, in Kalavryta vollstreckt. Es ist die Reaktion auf die Ermordung von siebzig gefangenen deutschen Soldaten. Am Montag, dem 13. Dezember 1943, werden alle Männer und Jungen (über 13 Jahre) vor dem Dorf an einem Berghang von Angehörigen der deutschen Wehrmacht erschossen. Frauen, Mädchen und kleinere Kinder werden in der Schule zusammengetrieben in der Absicht, sie dort zusammen mit allen Häusern des Dorfes zu verbrennen. Doch bevor die Schule brennt, können die Frauen sich befreien und in die umliegenden Berge und Felder fliehen. Dort verbringen sie mit ihren kleinen Kindern eine eiskalte Nacht im Anblick ihres brennenden Dorfes und dem Geratter von Maschinengewehrfeuer.

Nach Angaben der Wehrmacht wurden in Kalavryta und den umliegenden Dörfern 696 Männer und Jungen getötet. Ein solches Massaker blieb leider nicht auf Kalavryta beschränkt. An vielen Orten auf der Peloponnes sieht man weiße Marmorstelen, die an die Ermordung griechischer Zivilisten durch deutsche Soldaten erinnern, so z. B. an der Straße von Tripoli nach Sparta, wo etwa 26 Kilometer vor Sparta auf einem bescheidenen Denkmal zu lesen ist: »Hier wurden am 26. November 1943 118 Spartiaten von den Deutschen erschossen.«

Die heutigen Besucher der Peloponnes, die sich an der Gastfreundschaft der Griechen, an den wunderbaren Weinen, dem guten Essen, der herrlichen Landschaft, den beeindruckenden Resten der Antike und der immer scheinenden Sonne erfreuen, wissen in der Regel nichts von diesen Tragödien oder wollen es nicht wissen. Und dabei sind das Wissen und das Nicht-Vergessen die einzige Voraussetzung dafür, dass sich so etwas nicht wiederholt.

Methoni (*oben*) und Koroni (*unten*) waren vor allem mit dem Beginn des 13. Jh. venezianische Bollwerke auf der Peloponnes. Venedig organisierte Pilgerfahrten in das Heilige Land und führte sie mit den eigenen Galeeren auch durch. Da Methoni an der Südspitze Messeniens genau auf der halben Strecke zwischen Venedig und Jerusalem liegt, wurde es von den Pilgerschiffen angesteuert, die sich hier mit Wasser und Proviant für den zweiten Teil der Reise versorgten. Am 9. August 1500 fielen Methoni und Koroni an die Türken. Der Rat der Stadt Venedig soll damals Staatstrauer angeordnet haben. Aus dieser türkischen Zeit stammt der Turm (*links*), während die Brücke über den Festungsgraben (*rechts*) erst von französischen Ingenieuren des Generals Maison nach 1828 errichtet wurde.
Im Gebiet der Festung Koroni liegt heute ein Nonnenkloster des Johannes des Täufers (*rechts*).

Oben: Von der erhöht liegenden Antoniushöhle überblickt man die Stadt Kalamata. Hier wurde der fränkische Fürst Wilhelm II. Villehardouin geboren. Er war der einzige regierende Franke auf der Peloponnes, der in Griechenland geboren wurde und sogar Griechisch sprach.

Rechts: Die einzelnen Bauphasen des Kastron von Kalamata sind kaum mehr zu unterscheiden. Byzantiner, Franken, Venezianer und Türken haben ihre Spuren hinterlassen. Der größte Teil der heute erhaltenen Befestigungen stammt von den Venezianern, die die zerstörten Mauerabschnitte zwischen 1685 und 1715 neu errichteten und sie gegen den Beschuss schwerer Artillerie sicherten.

Oben: Die Kirche im Neokastron von Pylos mit Blick über die Bucht zur Insel Sphakteria. Im Festungsring des »Neuen Kastrons« ist eine ehemals türkische Moschee nach der Vertreibung der Türken in eine Kirche der Metamorphosis (Verklärung auf dem Berg Tabor) umgewandelt worden. Reste des Minaretts erkennt man an der linken Seite der Kirche. In dieser fast geschlossenen Bucht fand am 20. Oktober 1827 die berühmte Seeschlacht von Navarino statt, die letztendlich zu der Gründung eines freien griechischen Staates führte.

Rechts: Die Felseninsel Monemvasia, heute durch einen Damm mit dem Festland verbunden. Fast uneinnehmbar war das Kastron auf dem Gipfelplateau des Felsens, in das nur ein einziges Tor führte. Daher rührt der Name Monemvasia = Mone Embasia (mit nur einem Eingang versehen). Auf der Spitze erkennt man die Agia Sophia und rechts am Hang unten die mittelalterliche Unterstadt.

Wo man den Wein für etwas Göttliches hält

Mindestens seit mykenischer Zeit ist die Herstellung von Wein in Griechenland bekannt. Schon für die Helden Homers sind Herkunfts- und Altersangaben des guten Tropfens etwas ganz Normales.

Als Telemachos auf der Suche nach seinem Vater Odysseus zu dem greisen Nestor kommt, der im Südwesten in Pylos seinen Palast hatte, wird er mit einem besonderen Wein begrüßt:

> **Nach ihrer Ankunft machte der Greis im Krug eine Mischung duftigen Weins, den die Dienerin jetzt erst im elften Jahre endlich vom Deckel befreite und öffnete. Den aber mischte jetzt der Alte im Krug und sprach dazu viele Gebete.**
> *(Homer, »Odyssee«, Buch 3, 390–394)*

Eine mykenische Bügelkanne aus dem Museum von Theben. Die Inschrift in Linear-B-Schrift ist das »Etikett« für den Wein, der in diesem großen Gefäß transportiert und aufgehoben wurde.

Was bei uns heute als eine Todsünde gilt, war bei den Griechen der Antike der Normalfall. Sie vermischten ihre Weine mit Wasser – in der Regel im Verhältnis 3 : 1, d. h. drei Teile Wasser und ein Teil Wein – sowie mit getrockneten Blättern, Früchten, stark duftenden Essenzen und auch mit Kiefernharz, das den Wein haltbarer machte und eine aphrodisierende Wirkung haben sollte. Die Griechen hielten es jedenfalls für barbarisch, den Wein ungemischt zu trinken. Für die Herstellung des Gemischs gab es spezielle große Tonkrüge, die man »Kratér« nannte, von dem griechischen Wort »keránnymi« (mischen) abgeleitet. Und heute noch heißt auf Neugriechisch der Wein »krasí«, was auf denselben Wortstamm zurückgeht. Aus diesen Krateren schöpfte man mit kleineren Gefäßen den gemischten Wein und verteilte ihn auf die Trinkschalen der durstigen Symposiasten, den Teilnehmern am »Symposion«, dem »gemeinsamen Trinken«.

Obwohl die griechischen Götter keinen Wein, sondern Nektar tranken, galt der Wein als Gabe eines Gottes. Dionysos ist für den Wein und für das, was er bewirkt, verantwortlich. Im Mythos ist er ein Sohn des Zeus und der thebanischen Königstochter Semele. Als Semele ihren heimlichen Liebhaber in seiner wahren Gestalt zu sehen wünscht, verbrennt sie und mit ihr der ganze Königspalast, denn die wahre Gestalt des Zeus ist der Blitz. Zeus aber kann seinen ungeborenen Sohn aus dem Leib der toten Mutter retten und pflanzt ihn sich, da er noch nicht lebensfähig ist, in seinen göttlichen Oberschenkel, wo er bis zu seinem Geburtstermin heranwachsen darf. Der kleine Dionysosknabe wird von dem Götterboten Hermes zu den Nymphen von Nysa gebracht, die ihn großziehen. Der berühmte »Hermes des Praxiteles« mit dem kleinen Dionysosknaben auf dem Arm ist eines der Prunkstücke im Museum von Olympia (S. 44).

Dionysos ist nicht nur der Gott des Weines, sondern ebenso der Gott des Tanzes und des Theaters. Die jährlich wiederkehrenden Theateraufführungen in den kultischen Zentren Griechenlands – seien es nun Tragödien oder Komödien – fanden immer zu Ehren des Dionysos an einem seiner zahlreichen Festtage statt. Er versetzte die Festtagsteilnehmer und -teilnehmerinnen in einen Zustand der »Ekstase«, das heißt des Heraustretens aus einer körperlich-physischen oder psychischen Normallage, und zu einem »Enthusiasmos«, das heißt zu einer Gottbesessenheit, einer Besitzergreifung des Menschen durch den Gott.

Auf der Peloponnes hat Dionysos viele Spuren hinterlassen: Die schönsten und größten Theaterbauten wurden ihm zu Ehren errichtet, wie in Epidauros, Sparta oder Korinth. An dem düsteren Quellsee bei Lerna (südlich von Argos), wo Herakles die neunköpfige Hydra erlegte, stieg Dionysos in die Unterwelt hinab, um seine Mutter Semele wieder an die Oberwelt zu geleiten. Und neben zahlreichen weiteren lokalen Mythen, Heiligtümern und Opferaltären hat er den Menschen eben auch das Wissen um den Anbau und die Herstellung von Wein gebracht.

Die heutigen Weine. Auch wenn in der Antike die Weinqualität auf der Peloponnes nicht mit den nordgriechischen Weinen aus Thrakien oder denen der Inseln Lemnos, Lesbos und Rhodos konkurrieren konnte, so hat sich das mittlerweile grundlegend geändert.

Etwa 25 Prozent aller griechischen Weine werden heute auf der Peloponnes produziert, darunter Weine hoher und höchster Qualität. Konnte man noch vor zwanzig Jahren den Flaschen nur entnehmen, ob roter oder weißer Wein darin war, so findet man heute das Anbaugebiet, die Rebsorte, den Jahrgang und den Hersteller auf dem Etikett. Das in Deutschland wohl bekannteste Weingut liegt am Südrand von Patras. Im Gefolge des Wittelsbacher Prinzen Otto, dem ersten König des von den Türken befreiten Griechenlands (1832–1862), kam der Weinbauer Gustav Clauss auf die Peloponnes mit in Bayern heimischen Traubensorten, die hier prächtig gediehen. Heute produziert die Familie Antonópoulos unter dem Namen »Achaia-Clauss« vorzügliche griechische Weine, die überall in Europa erhältlich sind. Trotzdem lohnt sich immer eine Weinprobe vor Ort, zumal auch die Umgebung des Weinguts sehr reizvoll ist. Die wichtigsten Traubensorten sind hier Mavrodaphni, Roditis und Sideritis.

Ein zweites wichtiges Anbaugebiet liegt zwischen Korinth und Argos bei dem Dorf Nemea, wo Herakles den berühmten Löwen erlegt hat. Hier wird vor allem die rote Traube Agiorgitiko (heiliger Georg) verarbeitet; der aus ihr gewonnene Wein gilt als samtig und bringt viel Farbe und Aromen. Fährt man auf der alten Straße und nicht die neu gebaute Autobahn von Korinth nach Argos, so kann man an der Bahnstation von Nemea den Wein probieren und sich aus großen Eichenfässern den Vorrat für die nächsten Tage in Flaschen abfüllen lassen.

Geht der Nemea-Wein, der mal »Heraklesblut«, mal »Löwenblut« genannt wird, zur Neige, sollte man unbedingt ins Zentrum der Peloponnes nach Tripoli fahren, das in einer Hochebene auf über 650 Meter liegt. Etwa 15 Kilometer nördlich von Tripoli wird bei dem Ort Mantineia ein Weißwein produziert, der allein schon den Abstecher in diese etwas abgelegene Gegend lohnt. Neun Dörfer und zwei Provinzhauptstädte gehören zu dem Anbaugebiet. Die wichtigste Traubensorte heißt Moskophilero, aus der ein aromatischer, an Gewürztraminer und Muskat erinnernder sehr trockener Weißwein gekeltert wird.

Je weiter man nach Süden fährt, desto mehr nimmt der Weinanbau ab. Der in der Antike berühmte spartanische Wein findet sich nur noch südlich von Sparta in dem kleinen Dorf Daphnion – allerdings in einer sehr herben, aber bekömmlichen Version.

Auf jeden Fall ist es tröstlich zu wissen, dass man nirgendwo auf der Peloponnes verdursten muss, denn nicht nur für Qualität, sondern auch für Quantität ist gesorgt. Schon Pausanias berichtet, dass er in Nauplia ein aus dem Felsen herausgehauenes Relief eines Esels gesehen habe (Buch II, 38.3). Er erklärt auch, warum ein Esel auf diese Weise geehrt wurde. Der Esel habe verbotenerweise einen Rebstock abgefressen, der daraufhin im kommenden Jahr sehr viel mehr Trauben getragen habe als vorher. Weil also der Esel den Bewohnern von Nauplia durch das Abfressen das »Beschneiden« der Rebstöcke gezeigt habe, sei ihm mit diesem Relief gedankt worden, das für alle Zeiten an diese wertvolle Erfahrung und Belehrung erinnern sollte.

8 Rund um die Insel

Wer nicht über Athen auf die Peloponnes reist, kommt in der Regel mit dem Fährschiff aus Italien. Endstation ist Patras. Auch wenn der Hafen ein gutes Bild dafür liefert, was Chaos bedeutet, so ist die Stadt mit ihren rechtwinklig angelegten Straßen zwar sehr laut und lebendig, aber im Ganzen recht übersichtlich. Bevor man in etwas ruhigere Gebiete aufbricht – sei es mit der Peloponnes-Eisenbahn, dem Autobus, mit dem man fast jeden Ort auf der Peloponnes erreichen kann, oder mit dem eigenen Wagen – sollte man sich das Archäologische Museum mit reichen Funden aus der Umgebung und das byzantinische Kastron ansehen. Vielleicht kommt man auf der Suche nach dem Museum (Platia Vasilisas Olgas) auch an dem neoklassizistischem Theater vorbei, das 1872 von dem deutschen Architekten Ernst Ziller erbaut wurde. An vielen Orten Griechenlands stößt man auf dekorative Bauten von ihm. In Athen hat er unter anderem das Schliemann-Haus gebaut.

Verlässt man die Stadt in Richtung Olympia, kommt man an der Kathedrale des Apostels Andreas vorbei. Als größte Kirche Griechenlands ist sie nicht zu übersehen. Ihr wertvollster Schatz ist das Haupt des Apostels als Reliquie.

Ist man auf öffentliche Verkehrsmittel angewiesen, so ist der Einfluss auf die Streckenführung relativ gering. Autofahrern in Richtung Olympia dagegen, die in ihrer Entscheidung frei sind, sei die Strecke über Ovria, Stavrodromi und Lambia empfohlen. In Patras ist die Strecke zunächst nach Kalavryta ausgeschildert, doch schon nach wenigen Kilometern in Platanovrisi trennen sich die Straßen. Auf der ganzen, landschaftlich abwechslungsreichen und schönen Strecke hat man zur Linken das gewaltige Bergmassiv des Erymanthos vor Augen. Hier fing Herakles im Schnee des Gipfelbereichs den bösartigen Eber, der ob seiner Wildheit die Menschen in Angst und Schrecken versetzt hatte. Er fesselte ihn und brachte ihn lebendig nach Mykene zu seinem Auftraggeber Eurystheus, der sich vor lauter Angst in einem ehernen Pithos versteckte. Wer die auf der Karte rot eingezeichnete Straße verlässt, um auf gelben oder gar grauen Wegen dem Erymanthos näher zu kommen, lässt sich auf ein Abenteuer ein, das den Naturfreund begeistert, den Autobesitzer aber zur Verzweiflung bringt. Vorbei an Tritea, wo einige herumliegende Steinblöcke an die antike Stadt erinnern, sollte man bis Lambia (auch Divri genannt) fahren, auch wenn die Straße nach Olympia schon einige Kilometer vor Lambia abzweigt. Sie werden dadurch ein typisch peloponnesisches Bergdorf kennen lernen, das malerisch am Hang in einer Bergnische liegt, keinen Tourismus kennt und sich deshalb viel an Ursprünglichkeit bewahrt hat. Nach einem »Metrio« im Kafenion der »Zwei Brüder« (Dio Aderfia) geht es dann zurück in Richtung Olympia durch das waldreiche Pholoe-Gebirge. Hier hausten einst die Kentauren, die Pferdemenschen. Auf der Suche nach dem Erymanthischen Eber machte Herakles hier bei dem Kentauren Pholos Halt, der ihn mit süß duftendem Wein erfreute. Der Duft lockte die übrigen Kentauren an, die aber die Gastfreundschaft missbilligten und Herakles zu vertreiben suchten. Aber Herakles wäre nicht

Links: Blick vom byzantinischen Kastron auf die Universitätsstadt Patras mit den aitolischen Bergen des Festlands im Hintergrund.

Oben: In Patras steht mit der Andreaskirche die größte Kirche Griechenlands. Der Grundstein wurde bereits 1908 gelegt, doch erst 1974 wurde der Bau vollendet. In einer Seitenkapelle werden das Haupt des Apostels Andreas und das Kreuz, an dem er starb, aufbewahrt.

Links unten: Blick auf die Ikonostase mit dem gewaltigen dreifachen Bronzeleuchter unter der Kuppel (*unten*).

Diese Seite: Der Bassai-Tempel, wie er jetzt aussieht *(oben)*, und wie er früher einmal aussah *(rechts)*.
Unten: Das Gebirgsdorf Andritsena in der Nähe des Bassai-Tempels

Rechte Seite: Blick auf die Stadt Pylos mit Lagune und der Bucht von Pylos im Vordergrund.

Herakles, wenn er nicht als Sieger aus dieser Auseinandersetzung hervorgegangen wäre. Er tötete alle Kentauren mit seinen Giftpfeilen, und sogar sein Gastgeber kam um, als er einen dieser Pfeile bestaunte und sich dabei verletzte.

Von Olympia kann man über den Alpheios-Staudamm (Phragma) nach Makrisia und Krestena fahren. Auf einer der landschaftlich schönsten Strecken geht es weiter in Richtung Andritsena zum Bassai-Tempel. Vorher aber sollte man unbedingt kurz hinter Kallithea einen Abstecher machen nach Alipheira (4 km). Hier wurde die Göttin Athena aus dem Haupt des Göttervaters Zeus geboren, und deswegen gibt es oben auf der Akropolis einen gewaltigen archaischen Athenatempel mit einer Ringhalle von 6 auf 15 Säulen aus Kalkstein. Erhalten sind aber nur die Fundamente, Kapitell- und Dachfragmente aus Marmor sowie die Basis des Kultbilds vor dem Tempel, das laut Pausanias seiner Größe wegen nicht in die Cella passte und daher draußen aufgestellt werden musste. Beim Durchstreifen des antiken Stadtgebiets trifft man überall auf Terrassierungen, Fundamente, Mauern, Grabanlagen und auf Reste eines kleinen Asklepiostempels. Das Schönste aber ist der Ausblick – wie bei so vielen Orten der Peloponnes –, mit denen der Besucher für den etwas mühsamen Aufstieg voll entschädigt wird. Man sollte auch nicht versäumen, einen Kaffee in dem kleinen Dorf zu trinken, das heute wieder den antiken Namen trägt. Die Gastfreundschaft und die Freundlichkeit der Menschen fallen hier besonders auf, vielleicht weil sich nur ganz selten Besucher hierher verirren.

Über das Städtchen Andritsena mit urigen Kneipen, Geschäften und einem Fließbrunnen, der auf dem Marktplatz aus dem Stamm einer riesigen, uralten Platane hervorsprudelt, gelangt man zum Bassai-Tempel. In der unglaublichen Bergwelt Arkadiens ist hier ein Tempel erhalten geblieben, den die Menschen von Phigaleia dem Apollon Epikourios in der zweiten Hälfte des fünften Jahrhunderts v. Chr. geweiht haben, weil der Gott sie von einer Pest befreit hatte.

Der große kretische Dichter und Schriftsteller Nikos Kazantzakis über den Bassai-Tempel:

Wie ein Teil des Berges erhebt er sich, unablöslich mit ihm verbunden, zwischen Felsen eingekeilt. Auch er ein Fels, den der Geist durchweht. Die aus behauenen Steinen errichteten Säulen des Tempels stellen den Wesenskern dieser ganz herben Bergeinsamkeit dar; man glaubt, hier sei das Haupt der Landschaft, das heilige umzäunte Gebiet, in dem beschützt ihr Geist wacht.

Aus »Im Zauber der griechischen Landschaft«, München 1980, S. 8–9

Die Schönheit dieses Bauwerks erschließt sich erst vor der Kulisse der arkadischen Bergwelt. Dieses Erlebnis ist dem heutigen Besucher leider nicht mehr vergönnt, denn seit die UNESCO den Tempel als Weltkulturerbe eingestuft hat, ist er durch ein riesiges Zelt nicht nur vor den Unbilden der Natur und dem Zahn der Zeit geschützt, sondern auch der ihn prägenden Landschaft entzogen. Hier wird besonders deutlich, wie eng Natur und Landschaft mit griechischen Tempeln (Alipheira) oder auch Theatern (Epidauros) zusammenhängen und voneinander leben oder sterben – wie hier in Bassai, auch wenn der eigentliche Bau vorzüglich erhalten ist.

Von hier oben kann man entweder über Phigaleia an die Westküste der Peloponnes herunterfahren, oder man verweilt noch ein wenig in den Bergen Arkadiens.

Ein lohnendes Ziel ist Karytena mit seiner alten Brücke über den Alpheios, die fast ganz unter der modernen versteckt ist, und seinem fränkischen Kastell hoch über der kleinen Stadt. Kurz hinter der Ortschaft zweigt links eine Straße nach Elliniko ab, der man unbedingt folgen sollte, auch wenn nach wenigen Kilometern der Asphalt endet. Der Weg führt nämlich in die Schlucht des Lousios, zum antiken Kurort Gortys und zu dem Kloster Prodromou. Wer sich der Mühe unterzieht, auf steilen, engen und kurvenreichen Schotterwegen durch die Schlucht des Lousios

Oben: Das arkadische Stemnitsa.
Links: Mit seinen meist zweistöckigen Häusern und relativ flachen Ziegeldächern ist Dimitsana ein typisches peloponnesisches Dorf.

nach Stemnitsa zu fahren, wird dies nicht bereuen, denn dieser Flusslauf gehört zu dem Schönsten und Gewaltigsten, was die Peloponnes landschaftlich zu bieten hat. Der wasserreiche Fluss entspringt oberhalb von Dimitsana und mündet bei Karytena in den Alpheios. Das ganze Jahr hindurch – auch im trockenen Sommer – rauscht er durch die grandiose, steilwandige Schlucht, die sich bei Gortys zu einem etwas breiteren Tal öffnet. Der antike Name »Lousios« bedeutet Badefluss. Auch heute noch ist es eine Wohltat, sich in den Stromschnellen zwischen großen Felsbrocken in dem klaren Wasser zu erfrischen.

In dem etwa tausend Meter hoch an einem Berghang liegenden Stemnitsa kann man sich von den gewaltigen Eindrücken der Schlucht erholen. Es war einst ein reiches, bedeutendes Städtchen, vor allem wegen seiner angesehenen Handwerksbetriebe (Glockengießerei). Nach dem Freiheitskrieg wurde es ein Zentrum für Kunstverarbeitung von Edelmetallen. Heute sind diese Künste fast vergessen, die Geldquellen versiegt, und die wenigen Bergbauern leben vor allem von der Schaf- und Ziegenzucht. Einige gastronomische Betriebe dienen den Bedürfnissen der Gäste, meist Griechen, die in den heißen Sommermonaten des gesunden Klimas wegen hierher flüchten. Der einstige Reichtum zeigt sich noch in den großen mehrstöckigen Steinhäusern, die heute vielfach leer stehen, denn von den einst 3500 Einwohnern sind nur noch 350 geblieben.

Wer vom Bassai-Tempel an die Westküste heruntergefahren ist, kommt über Kyparissia und Gargaliani nach Chora. Dort sollte man ein kleines, aber feines Museum besuchen mit den mykenischen Funden der Umgebung, vor allem aus dem Nestorpalast, der etwa drei Kilometer weiter rechts an der Straße liegt (vgl. Seite 23).

Etwa acht Kilometer vor Pylos geht rechts ein Weg nach Petrochori. Folgen Sie ihm und zweigen Sie kurz vor dem Meer links ab, so erreichen Sie die schönste und malerischste Badebucht der Peloponnes. Eine fast kreisrunde Bucht mit einer schmalen Öffnung zum Meer hin, die den Namen »Voidokilia« (Ochsenmagen) trägt, und ein makelloser Sandstrand laden ein zum Baden und Verweilen. An dem ansteigenden Felsen sieht man den Eingang zur Nestorhöhle, einem prähistorischem Siedlungsplatz. Auf dem Gipfel liegt das von den Franken erbaute Palaiokastron. Der Aufstieg ist etwas beschwerlich, lohnt sich aber wegen des großartigen Ausblicks.

Die Stadt Pylos mit ihrer großen, schattigen Platia, modernen Geschäften und einem Museum in dem von den Türken 1573 erbauten Neokastron ist einen Aufenthalt durchaus wert. Man sollte nicht vergessen, dass hier in dieser herrlichen Bucht zwischen Pylos und der vorgelagerten Insel Sphakteria die berühmte Schlacht von Navarino stattfand, die zur Geburtsstunde des heutigen Griechenlands wurde.

Oben: Das Kloster Prodromou in der Schlucht des Lousios.
Unten: Das Kloster des Philisophen.
Rechte Seite: Blick in das Innere des Arkadischen Tores der antiken Stadt Messene.

Wer noch weiter in den Süden Messeniens will, kann sich in Methoni und Koroni von der beherrschenden Seemacht Venedig beeindrucken lassen.

Wir fahren von Pylos weiter in Richtung Kalamata. Am Ortsausgang des sehr lebendigen Städtchens Messini führt links in die Berge eine Straße nach Meligala. Nach 13 Kilometern erreichen wir über Triodos und Eva den Ort Labena. Hier zweigen wir links nach Westen ab und folgen den Straßenschildern nach Ithome. Unser Ziel ist der kleine Ort Mavromati am Südhang des Ithome-Bergs. Nach einem erfrischenden Trunk aus der reichlich sprudelnden Dorfquelle können Sie es wagen, die ausgedehnten, aber großartigen Ruinen des antiken Messene, die unterhalb des Dorfes liegen, zu durchwandern. Auf dem Weg zu dem Arkadischen Tor, das Sie zusammen mit der gut erhaltenen Stadtmauer unbedingt sehen sollten, kommen Sie auch an dem neue eingerichteten und sehr schönen, kleinen Museum vorbei. Der Besuch lohnt sich.

Die nächste Station ist Kalamata, die Provinzhauptstadt von Messenien. Die Peloponnes-Eisenbahn verbindet sie mit Tripoli, Argos und Athen mitten durch das Land und mit Kyparissia, Pyrgos, Olympia und Patras über die Westküste. Kalamata hat einen Flughafen und ist über gute Straßen mit Sparta über den Taygetos (60 km), im Süden mit Areopolis (85 km) und Megalopolis (56 km) sowie mit Tripolis (91 km) im Inneren der Peloponnes verbunden. Das alte Zentrum der Stadt liegt etwa zwei Kilometer von der Küste landeinwärts, ist aber heute mit dem Hafen und der Strandpromenade zusammengewachsen. Obwohl die Stadt durch ein starkes Erdbeben vor einigen Jahren sehr gelitten hat, macht sie einen sehr geschäftigen und lebendigen Eindruck. Sie lebt von der Verarbeitung und dem Export landwirtschaftlicher Produkte, die in den beiden großen, wasserreichen und sehr fruchtbaren messenischen Ebenen angebaut werden. Sie trugen diesem Landstrich bereits in der Antike das Attribut »makaría« (glücklich, gesegnet) ein. Berühmt sind heute – auch in Deutschland – die getrockneten Feigen, Oliven und das vorzügliche Olivenöl.

Neben der Kirche der heiligen Apostel (Agii Apostoli), dem Benaki-Museum und dem Kastron, in dem der fränkische Herrscher Wilhelm II. von Villehardouin (vgl. Seite 74) geboren wurde, ist ein Besuch bei den Nonnen im Kloster des heiligen Konstantinos interessant, weil von ihnen die Herstellung und Verarbeitung von Seide betrieben wird. Bereits im Mittelalter war Kalamata zusammen mit Mistra ein Zentrum der europäischen Seidenproduktion, auf die sich auch der Wohlstand dieser Städte gründete. Von der Abwicklung des Fadens vom Kokon der Seidenraupe bis zum Weben der Seidenstoffe an etwa 20 Webstühlen kann man dieses in Griechenland seltene Handwerk hier bestaunen. Die freundlichen Nonnen freuen sich über Besuch und verkaufen gerne von ihren seidenen Tüchern.

Weiter geht unsere Reise durch die Exo Mani (Äußere Mani) zunächst bis Areopolis. Abgesehen von einer großartigen, fast einschüchternden Gebirgslandschaft wird der Besucher durch Dörfer geführt, die durch die besondere Bauweise ihrer Häuser

Oben: Blick von den Ausläufern des Taygetos auf die Stadt Kalamata.

Rechts: Blick über Kambos zum Gipfel des Taygetos.

einen ganz anderen Charakter haben als die arkadischen Bergdörfer. Hohe Mauern um einzelne Gehöfte und Turmhäuser sind Zeugen für die Streitlust der Maniaten. Über Kambos mit seinem Kastron Zarnata erreicht man Kardamyli. Bevor man aber zu dem am Meer liegenden Ort herunterfährt, lohnt es sich dort, wo man die Stadt zum ersten Mal von oben liegen sieht, einen Halt einzulegen. Der Blick auf Kardamyli und die sich nach Süden fortsetzende Küstenlinie gehört mit zum Schönsten, was die Mani zu bieten hat.

Die Stadt selbst lockt den Besucher mit guten Restaurants, Kaffeehäusern und Geschäften mit einheimischen Produkten (Teppiche, Wolle, Honig, Keramik). Es gibt sogar einen Buchladen, in dem man bereits am Sonntag den »Spiegel« kaufen kann. Wie er so schnell in diese abgelegene Gegend Griechenlands kommt, bleibt ein Rätsel.

Vorbei an Stupa mit einer »deutschen Kolonie« führt die Straße bergauf nach Platsa. Das Dorf ist voll von den schönsten mittelalterlichen Kirchen: Agia Varvara, Agios Ioannis und viele weitere im Dorf selbst und die Metamorphosis-Kirche, die der heiligen Anargyri und des heiligen Nikolaos an der Straße. Bei jeder lohnen sich ein Halt und der Versuch, einzutreten, denn die Freskomalerei (nicht immer gut erhalten) und die Marmorglyptik an den Ikonostasen und Kapitellen sind etwas Besonderes. In Thalamä hat ein patriotische gesinnter Maniate ein kleines sehenswertes Museum eingerichtet, was sehr verdienstvoll ist, denn gerade in dieser armen Gegend sind die Antikenräuber und Souvenirjäger sehr aktiv. Das beraubte und entstellte Brunnenhaus von Thalamä zeigt dies in erschreckender Deutlichkeit.

Über Itylo und Limeni erreicht man nach ausgiebiger Berg- und Talfahrt Areopolis und damit die Mesa Mani (Innere Mani). Von hier kann man direkt nach Gytheion fahren oder, was besonders zu empfehlen ist, die Innere Mani auf inzwischen guten Straßen umrunden, da man hier zu beiden Seiten der Straße in der Tat Außergewöhnliches bestaunen kann. In Pyrgos Dirou erwartet die Glyphada-Höhle Ihren Besuch. In Holzbooten wird man auf einem unterirdischen Fluss durch ein Labyrinth von Kanälen und Seen mit unglaublichen Tropfstein- und Felsbildungen gefahren, sodass Sie in völliger Ruhe, ohne auf Ihre Schritte achten zu müssen, die Schönheiten der Natur genießen können. Zurück in der Oberwelt warten schon unzählige Kirchen aus dem elften und zwölften Jahrhundert und Dörfer, die fast nur aus Turmhäusern bestehen wie Kitta oder Vathia. Man hat den Eindruck, in einer anderen Welt zu sein; wer einmal in der Mani war, wird diese Gegend sicher nie mehr vergessen.

In Gytheion kehrt man langsam in die Zivilisation zurück: Es gibt wieder Geschäfte, Hotels, Restaurants, eine Polizeistation und auf Holzkohle gegrillten Oktopus mit Ouzo – eine Delikatesse, derentwegen allein sich eine Reise in die Mani lohnt.

Folgt man der Küstenstraße, so gelangt man über Skala und Molai nach Monemvasia, einem Felsklotz im Meer, der mit dem Festland nur durch eine Brücke verbunden ist. Die Unterstadt von Monemvasia ist reinstes, unverbautes Mittelalter mit sehr interessanten Kirchen. Der alte Torbau in die Stadt und die Straßen mit Treppen und Absätzen erlauben gottlob nicht, dass Autos oder andere zweirädrige Verkehrsmittel, die in Griechenland besonders lautstark sein können, durch die Straßen fahren. Urige Restaurants mit malerischen Hinterhöfen erfreuen Herz und Gaumen und das Geburtshaus von Jannis Ritsos, einem der bekanntesten neugriechischen Lyriker, zusätzlich noch das Gemüt. Unbedingt sollte man auch die Oberstadt mit der Kirche der Agia Sophia besuchen. Unglaubliche Ausblicke auf das Meer, das Festland und die Unterstadt mit ihrem intakten Mauerring entschädigen vielfach für das bisschen Mühe.

Über Geraki mit seinem fränkischen Kastron und vielen sehr schönen byzantinischen Kreuzkuppelkirchen führt die Straße in den Parnon nach Kosmas, einem etwa tausend Meter hoch gelegenen Bergdorf. Der Ort ist so abgelegen, dass die Menschen hier bis vor kurzem noch einen altgriechischen dorischen Dialekt sprachen, das Tsakonische, der unbeeinflusst geblieben ist von der Koine, also dem Griechisch des Neuen Testaments und dem byzantinischen Griechisch. Die Platia vor der großen Kirche, unter deren Apsis große Quellen hervortreten, ist von riesigen Platanen überschattet.

Die weitere Straßenführung durch den Parnon zeigt sich in ihrem Verlauf z. T. recht abenteuerlich. Da die Verkehrsdichte aber gegen Null tendiert, sind die zahlreichen Haarnadelkurven, Steigungen und Gefälle in der Regel ohne Probleme zu meistern. Bevor Leonidi, das schon wieder fast am Meer liegt, erreicht wird, kann man noch einen kleinen Abstecher zum Kloster Elonis machen. In eindrucksvoller Gebirgslandschaft ist es wie ein Schwalbennest in 650 Metern Höhe unter einem überhängenden Felsen erbaut.

Links: Ganz im Süden der Mani liegt das Dorf Vathia. Es besteht fast nur aus Turmhäusern und liegt weitab vom Meer auf einer Bergkuppe. Vathia bietet einen unverfälschten, mittelalterlichen Eindruck.

Oben: Das Dorf Ano Boularii direkt unterhalb der völlig kahlen Ausläufer des Taygetos, die hier »Kakovounia« (schlimme Berge) heißen.

Unten: Obwohl in der Mani alles so unwirtlich und hart erscheint, gibt es eine große Zahl von sehr schönen Kreuzkuppelkirchen. Man findet sie nicht in den Dörfern, sondern meist etwas außerhalb. Bei dem Ort Vamvaka steht diese kleine, dem Heiligen Theodoros geweihte Kirche, die eine Inschrift auf das Jahr 1075 datiert.

Über Leonidi führt uns die Rundreise am Meer entlang, vorbei an malerischen Fischerdörfern mit weißen Sandstränden nach Astros. Fährt man von hier in Richtung Tripoli, kommt man nach etwa sieben Kilometern zum Kloster Loukou. Ein Besuch dieses sehr gepflegten und blumenreichen Klosters wird unvergesslich bleiben, nicht nur weil in dessen Innenhof eine Kreuzkuppelkirche vom Ende des 14. Jahrhunderts steht, deren Innenausmalung fast vollständig erhalten ist, sondern auch weil die Nonnen besonders freundlich sind und den Besucher gern mit einem Kaffee erfreuen. Unterhalb des Klosters auf der rechten Straßenseite liegt das antike Eua (Eva) mit einer Villa des Herodes Atticus, der hier eine Philosophenschule unterhielt.

Von Astros sind die beiden großen Städte der Argolis, Nafplion und Argos, nicht mehr weit. Während Argos mit seinem Theater, der Agora, dem sehr schönen Museum, dem Larissa-Burgberg und dem nahe gelegenen Heraion mehr den Freund der Antike berührt, kommen Liebhaber des Mittelalters eher in Nafplion auf ihre Kosten. Nafplion ist ohne Übertreibung wohl die schönste Stadt der Peloponnes. Das merkt man spätestens dann, wenn man gegen Abend an der Strandpromenade in einem der vielen Kaffeehäuser sitzt und die Sonne, die ihre letzten Strahlen über den Golf und die kleine vorgelagerte Insel Bourzi ausgießt, hinter den Bergen von Argos versinken sieht.

Am Ende einer tief ins Land eingeschnittenen Bucht liegt das Dorf Drepanon, benannt nach der Form der Halbinsel »Drepani« (die Sichel). Wer gut Fisch oder Oktopus essen möchte, ist hier am rechten Ort. Der markante Kegelberg im Hintergrund bei Asini trägt eine Kapelle des Propheten Elias.

Es gehört zu den eindruckvollsten Erlebnissen dieser Landschaft, von der Spitze des Berges, der von seiner Rückseite her leicht zu besteigen ist, bei der Kapelle des Propheten den Sonnenaufgang mitzuerleben.

Oben: Blick vom Palamidi auf die Altstadt Nauplia, die bei den Griechen »Nafplion« heißt. Links oben im Bild erkennt man die kleine Gefängnisinsel Bourzi, auf der der letzte Henker Griechenlands bis zu seinem Tode lebte. Heute wäre er arbeitslos, denn Griechenland hat die Todesstrafe abgeschafft. Gegenüber der Insel liegt die Hafenmole mit ihren vorzüglichen Tavernen und Kaffeehäusern *(rechts)*.
Da Nauplia ohne Übertreibung die reizvollste Stadt Griechenlands ist, sei ein Bummel durch die engen Straßen mit den schönen Geschäften, lockenden Tavernen und den alten Häusern oder sogar ein längerer Aufenthalt in einem der vielen Hotels dringend empfohlen. Von der Schönheit der Stadt war auch König Otto beeindruckt, als er 1832 nach Griechenland kam, um die Regentschaft zu übernehmen.
Er machte Nauplia zur ersten Hauptstadt des jungen Staates, bis er wenig später nach Athen übersiedelte.

Oben: Blick auf den Palamidi, der über eine Treppe mit 857 Stufen von der Unterstact zu besteigen ist. (Man kann ihn aber auch von der Rückseite über eine Autostraße erreichen).

Links: Das Panorama, das sich von Palamidi bietet, kann kaum mit Worten beschrieben werden, sei es die Aussicht auf die Altstadt von Nauplia und auf Akronauplia, wo die Reste aus der Antike liegen (*links*), oder vorbei am Fort Leonidas auf die Vorstadt Pronia und auf die Argolis in Richtung Tiryns und Argos.

Links: Die Kirche Agios Georgios im Gipfelkastell von Geraki. Geraki liegt südöstlich von Sparta und belohnt den Besucher mit einer Reihe schönster Kreuzkuppelkirchen. Das mittelalterliche Geraki liegt außerhalb des Dorfes und ist ähnlich angelegt wie Mistra.

Oben: Die Bucht von Limeni in der Mani, unterhalb von Areopolis.

HOTEL

Linke Seite: Nur eine schmale Straße trennt in Gytheion den Hafen mit seinen kleinen Fischerbooten und die an einem steilen Hang liegenden Häuser der Stadt. Gytheion ist das Eingangstor für Besucher der Mani, die von Sparta kommen. Von hier flüchtete einst die schöne Helena mit ihrem Entführer Paris nach Troia, denn Gytheion mit der kleinen Insel Kranae war die Hafenstadt der Spartaner – schon zu mykenischer Zeit.

ΜΠΡΙΖΟΛΕΣ - ΜΠΙΦΤΕΚΙΑ
ΣΤΑ ΚΑΡΒΟΥΝΑ
ΧΟΡΤΑΡΙΚΑ - ΛΑΧΑΝΙΚΑ

Peter Stuyvesant
Peter Stuyvesant
Molto
7DAYS
7DAYS
7DAYS

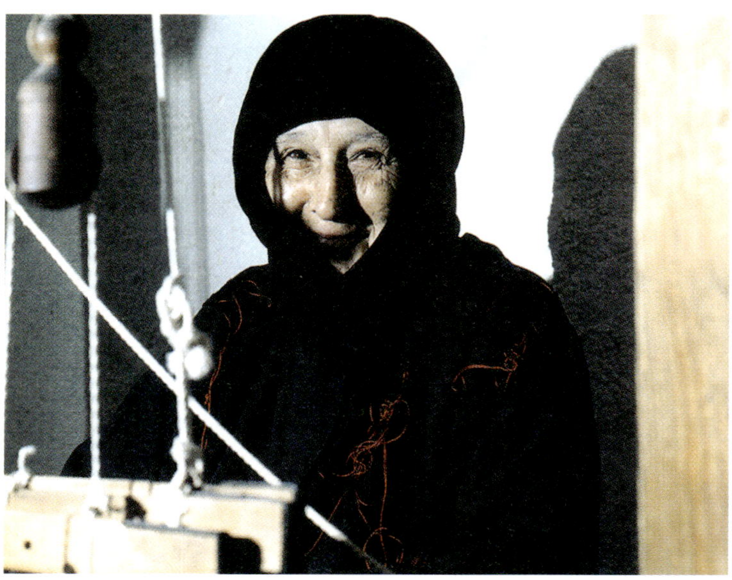

Dass man auf der Peloponnes nicht verhungern muss, zeigen die Bilder auf der linken Seite.

Oben: Gesichter der Menschen, was könnten sie ausdrücken? Harte Arbeit auf steinigen Äckern, bei denen Pferd und Esel dem Menschen helfen, politisches Interesse, denn der Grieche ist auch heute noch in hohem Maße – nach Aristoteles – ein politisches Wesen, ein »zoon politikon«, oder Austausch von Neuigkeiten am Feierabend im Kafenion.

Auf einen Blick

Geschichte der Peloponnes von der Gründung Spartas bis heute

Hellenische Zeit

Um 950 v. Chr. Gründung Spartas.
Seit 776 Alle vier Jahre werden die Olympischen Spiele aufgezeichnet.
740–720 Erster Messenischer Krieg.
Um 700 Lykurg gibt der Stadt Sparta die erste Verfassung.
680–650 Pheidon ist König von Argos.
650–630 Zweiter Messenischer Krieg.
Im 7. Jahrhundert An vielen Orten der Peloponnes entstehen Tyrannenherrschaften, in Korinth durch Kypselos und Periandros, in Sikyon durch Kleisthenes.
Um 550 Gründung des Peloponnesischen Bundes unter der Vorherrschaft Spartas.
490 Erster Sieg der Griechen gegen die Perser bei Marathon. Die Ankunft der Spartiaten verzögert sich wegen eines religiösen Festes.
480 Zweiter Sieg der Griechen gegen die Perser in der Seeschlacht bei Salamis. 300 Spartiaten finden bei den Thermopylen durch Verrat den Tod.
464–455 Dritter Messenischer Krieg.
404 Kapitulation Athens. Vormachtstellung Spartas in Griechenland.
386 Der Spartaner Antalkidas schließt mit den Persern den »Königsfrieden«.
371 Der Thebaner Epaminondas besiegt die Spartaner bei Leuktra.
Um 280 Bildung des Achäischen Bundes mit Korinth, Sikyon, Argos und Aigina, der sich gegen Sparta richtet.
222 Sieg der Makedonen über Sparta bei Sellasia. Nabis wird in Sparta als Tyrann eingesetzt.
196 In Korinth erklärt der römische Konsul Flamininus die griechischen Städte für frei.
146 kommt es zum Krieg des Bundes mit Rom. Korinth als Zentrum des Aufstands wird von dem Konsul Mummius völlig zerstört. Achaia, Elis und Arkadien werden der Provinz Makedonien unterstellt. Sparta und Messenien bleiben frei.

Die Zeit der Römer

86 Olympia wird durch Sulla zerstört und geplündert.
44 Caesar lässt Korinth wieder aufbauen.
27 Griechenland wird unter Augustus zur römischen Provinz Achaia. Sparta wird freie Stadt.
51/52 n. Chr. Der Apostel Paulus lebt anderthalb Jahre in Korinth und gründet hier die erste christliche Gemeinde auf der Peloponnes.
65 Kaiser Nero nimmt an den Olympischen Spielen teil und »siegt« in verschiedenen Disziplinen.
117–138 Regierungszeit des Kaisers Hadrian. Auf der Peloponnes setzt ein geistiger und wirtschaftlicher Aufschwung ein.
Um 170 Pausanias bereist die Peloponnes.
212 Kaiser Caracalla erteilt allen freien Griechen das römische Bürgerrecht. Die Griechen beginnen sich »Romäer« zu nennen.
267 Die Goten und Heruler fallen in der Peloponnes ein und verwüsten das Land.

Das Oströmische Reich

324–337 Regierungszeit Konstantins des Großen. Konstantinopel wird Hauptstadt (330).
393 Kaiser Theodosios I. verbietet die Olympischen Spiele.
395 Alarich verwüstet mit seinen Westgoten die Peloponnes.
Ende 6. Jahrhundert Slawen dringen auf die Peloponnes vor und siedeln sich an.
Mitte 9. Jahrhundert Der Widerstand der Slawen wird überall gebrochen, sie werden christianisiert.
968 Bischof Nikon »Metanoeite« kommt nach Sparta. Durch seine Missionstätigkeit im südlichen Lakonien werden die Maniaten christianisiert.
1204 Kreuzfahrer erobern unter venezianischer Führung das christliche Konstantinopel. Ende des griechischen und Begründung des Lateinischen Kaiserreichs.
1205 Gottfried von Villehardouin und Wilhelm von Champlitte erobern die Westküste der Peloponnes und richten zwölf fränkische Baronien ein.
1259–1282 Michael VIII. Palaiologos wird byzantinischer Kaiser. Er beendet das lateinische Kaisertum. Größere Teile der Peloponnes kommen wieder in byzantinische Hand.
1348 Der Kaiser Johannes VI. setzt seinen zweiten Sohn Manuel in Mistra als Despot ein.
Blütezeit des Despotats Mistra
1449 Konstantin XI. wird in Mistra zum letzten byzantinischen Kaiser gekrönt.

Zeit der Türkenherrschaft

1453 Konstantinopel wird von den Türken erobert. In den folgenden vier Jahren wird auch die Peloponnes bis auf wenige venezianische Stützpunkte türkisch. Beginn der fast 400-jährigen Türkenherrschaft.
1500 Türkisch-venezianischer Krieg. Methoni, Koroni und Navarino fallen an die Türken.
1540 Es fallen auch die letzten venezianischen Festungen. Damit ist die gesamte Peloponnes unter türkischer Herrschaft.
1684–1699 Vorübergehender Siegeszug des Venezianers Francesco Morosini.
1715 Die Türken erobern verlorenes Terrain zurück. Der Sitz des Paschas wird von Patras nach Tripoli (Tripolitsa) verlegt.
1768–1774 Russisch-Türkischer Krieg. General Orlow verleitet die Griechen zu einem Aufstand, der auf der Peloponnes blutig niedergeschlagen wird.
25. März 1824 Ausbruch des Freiheitskampfs der Griechen gegen die Türken.
1824 Tod des Philhellenen Lord Byron. Die gesamte Peloponnes ist so gut wie in griechischer Hand.
1825 Ibrahim Pascha landet in Methoni mit einem großen türkisch-ägyptischen Heer. Grausame Rückeroberung der Peloponnes.

Die moderne Peloponnes

1827 Seeschlacht von Navarino (Pylos). Die Bildung eines griechischen Staates wird gegen den Willen der Türkei erzwungen.
1831 Graf Kapodistrias, der erste »Kybernetes« von Griechenland, wird in Nauplia von einem Maniaten erschossen.
1832 Der Wittelsbacher Prinz Otto von Bayern, Sohn König Ludwigs I., wird als Otto I. zum König der Griechen ausgerufen. Er trifft zu Schiff in Nauplia ein, wo er zunächst residiert.
1834 Verlegung der Residenz nach Athen.
1862 König Otto I. tritt zurück. Georg I. aus dem dänischen Hause Glücksburg wird 1863 sein Nachfolger. Der Kanal von Korinth wird eröffnet.
1908 Kreta kommt zu Griechenland.
1909 Der Kreter Eleutherios Venizelos wird Ministerpräsident.
1912/1913 Balkankrieg gegen die Türken. Die Griechen erhalten die der Türkei vorgelagerten Inseln und das heutige Nordgriechenland.
1920–1922 Krieg gegen die Türkei, der mit einer Niederlage Griechenlands endet. Fast zwei Millionen Griechen kommen als Flüchtlinge aus den Städten des westlichen Kleinasiens und der Schwarzmeerküste in das griechische Mutterland.
1940 Die Italiener werden von den Griechen in Albanien geschlagen. Hitler greift ein.
1941–1944 Griechenland wird von Deutschen und Italienern besetzt.
1946–1949 Blutiger Bürgerkrieg gegen die kommunistischen Partisanen.
1947 Paul I. wird König in Griechenland
1967–1974 Errichtung einer Militärdiktatur unter Oberst Papadopoulos.
1974 Infolge der Zypernkrise stürzt die Militärdiktatur. Konstantin Karamanlis wird Ministerpräsident.
1981 Griechenland wird Vollmitglied der EG.

Literaturhinweise

Mit dem Wort »Hinweis« ist schon ausgedrückt, dass diese Zusammenstellung bei der Fülle der über die Peloponnes erschienenen Titel keinen Anspruch auf Vollständigkeit erhebt. So ist z. B. auf die Nennung von Grabungspublikationen oder wissenschaftlichen Aufsätzen in Zeitschriften verzichtet worden, da diese Literatur nur in größeren Bibliotheken oder Archäologischen Instituten einzusehen ist. Die Auswahl trägt also einen durchaus subjektiven Charakter.

Geschichte

Aridas, K. (Hrsg.), Freiheit oder Tod. Bilder des Panagiotis Zographos über den Kampf der Griechen gegen die türkische Fremdherrschaft 1821–1830 Mit Auszügen aus den Memoiren des Generals Makrygiannis, Leipzig 1982
Beck, H. G., Das byzantinische Jahrtausend, München 1982
Bengtson, H., Griechische Geschichte, München 1976
Bradford, E., Reisen des Paulus, München 1979
Chadwick, J., Mykenische Welt, Stuttgart 1979
Fallmerayer, J. Ph., Geschichte der Halbinsel Morea, Hildesheim 1830 (Nachdruck 1965)
Flacelière, R., Griechenland, Leben und Kultur in klassischer Zeit, Stuttgart 1979
Haussig, H.W., Byzantinische Geschichte, Stuttgart 1969
Meinardus, O. F. A. St.Paul in Greece, 4.Aufl., Athen 1976
Ostrogorsky, S. Geschichte des byzantinischen Staates, München 1975
Specht, K. H., Olympias Uhren gingen falsch. Die revidierte Geschichte der archaischen Zeit, Berlin 1987

Archäologie und Kunstgeschichte

Arias, P. E., Hirmer, M., Tausend Jahre griechische Vasenkunst, München 1960
Berve, H., Gruben, G., Griechische Tempel und Heiligtümer, München 1961
Boardman, J., Dörig, J., Fuchs, W., Hirmer, M., Die griechische Kunst, München 1966
Franke, P. R., Hirmer, M., Die griechische Münze, München 1964
Gruben, G., Die Tempel der Griechen, München 1966
Knell, H., Grundzüge der griechischen Architektur, Darmstadt 1980
Kyrieleis, F., Kunstdenkmäler in Griechenland. Ein Bildhandbuch. Peloponnes und die Inseln, München 1984

Mango, C., Byzantinische Architektur, Stuttgart 1975
Marinatos, Sp., Hirmer, M., Kreta, Thera und das mykenische Hellas, München 1976
Martini, W., Die archaische Plastik der Griechen, Darmstadt 1990
Schliemann, H., Ithaka, der Peloponnes und Troia, Darmstadt 1963 (Nachdruck)
Simon, E., Die griechischen Vasen, München, 2. Aufl. 1981
Zschietzschmann, W., Kleine Kunstgeschichte der Griechen und Römer, Stuttgart, 2.Aufl. 1957

Mythologie und Religion

Benz, E., Geist und Leben der Ostkirche, Hamburg 1971
Brommer, F., Herakles I/II, Darmstadt 1984/86
Campenhausen, H. von, Griechische Kirchenväter, Stuttgart 1977
Fasching, G., Sternbilder und ihre Mythen, Wien, 2. Aufl. 1994
Grant, M., Mythen der Griechen und Römer, Zürich 1964
Hunger, R. H., Lexikon der griechischen und römischen Mythologie, Wien 1955
Kakridis, K., Elliniki Mythologia, Athen 1986, 5 Bände
Kerényi, K., Die Mythologie der Griechen. Götter und Menschheitsgeschichte, Zürich 1951
Ders., Der göttliche Arzt, Darmstadt 1956
Ders., Die Heroen der Griechen, Zürich 1958
Krug, A., Heilkunst und Heilkult. Medizin in der Antike, München 1985
Ranke-Graves, R. von, Griechische Mythologie, Quellen und Deutung, Reinbek 1960
Oppermann, S., Mythen der Peloponnes, in: Hellenika 1986, S. 163–190
Schadewaldt, W., Sternsagen der Griechen, Frankfurt 1976
Schefold, K., Jung, F., Die Sagen von den Argonauten, von Theben und Troia in der klassischen und hellenistischen Kunst, München 1989
Schefold, K., Jung, F., Die Urkönige, Perseus, Bellerophon, Herakles und Theseus in der klassischen und hellenistischen Kunst, München 1988
Schefold, K., Götter- und Heldensagen der Griechen in der früh- und hocharchaischen Kunst, München 1978
Ders., Die Göttersage in der klassischen und hellenistischen Kunst, München 1981
Ders., Frühgriechische Sagenbilder, München 1964
Schwab, G., Sagen des klassischen Altertums, (von 1836 bis heute immer wieder neu aufgelegt)
Simon, E., Die Götter der Griechen, München 1969

Literatur zu einzelnen Orten, Landschaften und Objekten

Andronikos, M., Olympia, Athen 1979
Bengtson, H., Die olympischen Spiele in der Antike, Zürich 1983
Casky, J. L., Lerna in the Argolid, Athen 1977
Charitonidou, A., Epidauros, Athen 1978
Drees, L., Olympia, Götter, Künstler und Athleten, Stuttgart 1967
Eliopoulou-Rogan, D., Mani. History and Monuments, Athen 1973
Felten, F., Arkadien, in: Antike Welt, Feldmeilen 1987
Fermor, P. L., Mani, Salzburg 1974
Greenhalgh, E., Eliopoulos, E., Mani. Reise zur Südspitze Griechenlands, München 1987
Georgiadis, N. V., Mistra, München 1962
Herzog, R., Die Wunderheilungen von Epidauros. Ein Beitrag zur Geschichte der Medizin und der Religion, in: Philologus, Suppl. XXII, Heft III, Leipzig 1931
Hooker, J. T., Sparta, Geschichte und Kultur, Stuttgart 1982
Iakovidis, S. E., Mykene, Epidauros, Athen 1978
Jantzen, U. (Hrsg.), Führer durch Tiryns, Athen 1975
Kaltsas, E., Das antike Messene, Athen 1959
Kanellopoulos, P., Mistra, München 1962
Kasas, S., Struckmann, R., Wichtige Heilstätten der Antike, Epidauros und Korinth, Athen 1979
Kazantzakis, N., Im Zauber der griechischen Landschaft, München, 4. Aufl. 1980
Klaus, R. W., Steinmüller, S., Monemvasia. Geschichte und Stadtbeschreibung, Athen 1980
Löhneysen, W. Freiherr von, Mistra, München 1977
Loos, H., Griechenland. Durch die wilde Mani, Gnas 1998
Mallwitz, A., Herrmann, H. V., Die Funde aus Olympia, Athen 1980
Mallwitz, A., Olympia und seine Bauten, Darmstadt 1972
Mylonas, G. E., Mycenae. A Guide to its Ruins and its History, Athen 1967
Nika, F., Kalavryta 1943. Augenzeugenbericht, Köln, 2. Aufl. 1999
Papachatzis, N., Das antike Korinth, Athen 1979
Papadakis, Th., Epidauros, Athen 1972
Papastamos, D., Epidauros, Athen 1979
Philippson, A., Kirsten, E., Die griechischen Landschaften. Bd. III, Der Peloponnes, Frankfurt 1959
Schliemann, H., Mykene, Darmstadt 1964 (Nachdruck)
Themelis, P., Altkorinth. Die Stätte und das Museum; Kasas, S., Korinth und umliegende antike Kultstätten, Athen 1973
Themelis, P., Nauplia und das Museum, Tiryns, Athen o. J.
Weber, C. W., Die Spartaner, Düsseldorf 1977
Weeber, K. W., Die unheiligen Spiele. Das antike Olympia zwischen Legende und Wirklichkeit, München 1991
Wollny-Popota, E., Lakonisches Reisebuch, München 1982
Yalouris, N., Olympia, Altis und Museum, Athen 1972

Allgemeine Literatur zu Griechenland und Peloponnes, Nachschlagewerke, Reiseliteratur

Baumann, H., Die griechische Pflanzenwelt in Mythos, Kunst und Literatur, München 1982
Bon, A., La Morée franque, Paris 1969
Ders., Le Peloponnèse byzantine, Paris 1951
Cook, R. und K., Southern Greece. An Archaeological Guide, London 1968
Ekschmitt, W., Fahrten auf dem Peloponnes, Berlin 1979
Galini, E., Sagenhafte Peloponnes. Auf den Spuren von Göttern, Helden und ganz normalen Menschen, Trier 1994
Gallas, K., Klemm, U. D., Griechenland. 21 Annäherungen an ein dreitausendjähriges Reiseziel, Giessen 1990
Grothusen, K. D., Griechenland (Südosteuropa Handbuch, Bd. III), Göttingen 1980
Hautumm, W., Peloponnesische Wanderungen, Bonn 1980
Jongh, B. de, Griechenland, Festland und Peloponnes, München 1974
Josing-Gundert, W. (Hrsg.), Griechenland. Ein Reisebuch, Hamburg 1989
Karpodini-Dimitriadi, E., Der Peloponnes. Ein Reiseführer zu den historischen Stätten, Monumenten und Museen, Athen 1981
Kirsten, E., Kraiker, W., Griechenlandkunde, 2 Bde. Heidelberg 1967
Lauffer, S. (Hrsg.), Griechenland. Lexikon der historischen Stätten. Von den Anfängen bis zur Gegenwart. München 1989
Leon, C. F., Peloponnes, Bern 1981
Lexikon der Alten Welt, 3 Bde. Zürich/München 1990
Lienau, C., Griechenland, Geographie eines Staates der europäischen Südperipherie, Darmstadt 1989
Marker, S., Peloponnes, Athen 1984
Melas, E. (Hrsg.), Alte Kirchen und Klöster Griechenlands, Köln 1972
Melas, E., Griechenland, Delphi, Athen, Peloponnes und Inseln, Köln 1980
Merian-Hefte: Peloponnes, Hamburg (Dez. 1964 und Juni 1983)
Münster, Th., Peloponnes für Kenner, München 1980
Paradissis, A., Fortresses and Castles of Greece, Athen 1974
Pauly, Der Kleine, Lexikon der Antike, 5 Bde., München 1964–1975
Pauly, Der Neue, Enzyklopädie der Antike, Stuttgart 1996 (Erschienen bisher 11 Bände)
Pausanias, Reisen in Griechenland, 3 Bde., hrsg. von E. Meyer, Zürich/München 1986/87
Petrocheilou, A., Die Höhlen Griechenlands, Athen 1984
Polunin, O., Huxley, A., Blumen am Mittelmeer. BLV Bestimmungsbuch, München 1974
Schoder, R. V., Das antike Griechenland aus der Luft, Bergisch-Gladbach 1975
Speich, R., Südgriechenland. Peloponnes, Stuttgart 1980
Sperlich, W., Peloponnes, Zürich 1986

Literatur zur Geschichte, Literatur, Sprache und zu Sitten des heutigen Griechenlands

Eckhard, K., So singt Griechenland, Köln 1984
Ders., So singt Griechenland. Das zweite Liederbuch, Köln 1999
Eideneier, A., Weber, N., So kocht(e) Griechenland, Köln 1989
Eideneier, H., Neugriechisch, wie es nicht im Wörterbuch steht, Frankfurt 1983
Gaitanides, J., Griechenland ohne Säulen, München 1955
Gyömörey, L., Griechenland, ein europäischer Fall, Wien 1970
Giebeler, K., Richter, H. A., Stupperich, R. (Hrsg.), Versöhnung ohne Wahrheit. Deutsche Kriegsverbrechen in Griechenland im Zweiten Weltkrieg. Beiträge einer Tagung am 27.–28. Okt. 2000 in der Evangelischen Akademie Bad Boll. Peleus Bd. 8, Mannheim 2001
Höhler, G., Begegnung mit Griechenland. Kultur, Geschichte, Politik, Hamburg 1984
Mantzaridou, K., Was vor den Festtagen so gut schmeckt. Rezepte aus Griechenland für die Fastenzeit, Athen 1987
Politis, L., Geschichte der neugriechischen Literatur, Köln 1984
Politis, N. G.: Eklogai apo ta tragoudia tou ellenikou laou, Athen 1966, Nr. 214
Richter, H. A., Griechenland zwischen Revolution und Konterrevolution (1936–1946), Frankfurt 1972
Ders., Griechenland und Zypern seit 1920, Heidelberg 1984
Ders., Griechenland im 20. Jahrhundert (1900–1940), Köln 1990
Schiel, M. und R., So tanzt Griechenland, München 1981
Seidel, W., Bayern in Griechenland, München 1981
Skoura, S., 500 ausgewählte Rezepte aus der traditionellen griechischen Küche, Athen 1984
Terzakis, A., Prinzessin Isabeau (Historischer Roman), Köln 2001
Tzermias, P., Neugriechische Geschichte, Tübingen 198
Vakalopoulos, A., Griechische Geschichte von 1204 bis heute, Köln 1985
Vitti, M., Einführung in die Geschichte der neugriechischen Literatur, Ismaning 1975

Register

Fett gesetzte Seitenzahlen verweisen auf Abbildungen.

PELOPONNES
Golf von Patras
Patras
Golf von Korinth
Chaironeia
Theben
Villia
Athen
Megara
SALAMIS
Korinth
Isthmia
Achaia
Kalavryta
Erymanthos-
Gebirge
Varda
Lechena
Chlemoutsi
Peneios
Lambia
Kleitoria
Korinthia
Stymphalia
Stymphalischer See
Sikyon
Akrokorinth
Nemea
Dervenakia
Saronischer Golf
AIGINA
ANGRISTRIA
Elis
Pholoe-
Gebirge
Olympia
Levidi
Mykene
Prosymna
Palaia Epidauros
Kap Sunion
Makrisia
Krestena
Dimitsana
Mantineia
Argos
Tiryns
Argolis
Epidauros
(Theater)
Methana
Alipheira
Alpheios
Arkadien
Stemnitsa
Prodromou
Karytena
Tripoli
Lerna
Nauplia
Asini
POROS
Kakovatos
Andritsena
Bassai
Megalopolis
Loukou
Astros
Didyma
Argivischer Golf
DOKOS
HYDRA
Kyparissia
Eurotas
SPETSES
Vamvakou
Messini/
Ithome
Mavromati
Philiatra
Messenien
Sellasia
Parnon-
Gebirge
Leonidi
Moni P.
Elonis
Myrtoisches Meer
Gargaliani
Chora
Kalamata
Mistra
Sparta
Kosmas
Daphnion
Messini
Geraki
Voidokilia
Kambos
Taygetos-
Gebirge
Lakonien
SPHAKTERIA
Pylos-
Navarino
Kardamyli
Stupa
Skala
Ionisches Meer
Methoni
Messenischer
Golf
Platsa
Molai
Gerakas
SAPIENZA
Koroni
Itylon
Mani
Gytheion
SCHIZA
VENETIKO
Areopolis
Monemvasia
Pyrgos Dirou
Lakonischer Golf
0 10 20 30 40 50 km
Vathia
KYTHERA
Kap Tainaron
Eingang in
die Unterwelt

Bildnachweis

Belser Archiv: 9 oben, 21, 22, 29, 35, 37 unten, 49, 61

Michael Fischer & Peter Weikenmeier: 2, 6, 7, 12, 13, 15–19, 24–26, 28 oben, 31, 32 , 36, 38, 39, 40/41, 42–47, 52, 53, 56/57, 62/63, 64 oben, 65, 68–72, 74–76, 79–93, 95–99, 101–103, 104 links oben, 104 unten, 105–115, 116 unten, 118, 118/19, 120–123

Siemer Oppermann: 1, 9 unten, 10, 14, 20, 27. 28 unten, 30 links , 33, 37 oben, 43, 48, 50, 54/55, 59, 64 unten, 66, 67, 73, 89 unten, 93, 94, 100, 104 rechts oben, 116 oben, 117